歴史の虚像を衝く

笠谷 和比古

教育出版

まえがき

日本人は歴史好きなのだろう。日本人自身はあまりそれを意識していないかも知れないけれど、外国人の研究者から笑われながら、こんなことを言われたことがある。「日本人は信長や家康のことを、まるで、ちょっと前に生きていた身近な人のように語っている」と。確かに言われてみればそうかも知れない。

このような歴史上の人物に対する親近感は、大河ドラマといったかたちで年間を通してテレビなどで放映されており、ことに人気の戦国武将たちについては、その配役を変えつつも繰り返し彼らのドラマが制作されていることから、日本国民の間では大正・昭和の人物などよりはるかになじみ深い人たちといった感覚で彼らを受け止めることになっているのであろう。

その他にも、名番組として一時代を画した感のある「その時、歴史は動いた」をはじめとして歴史関係番組は数多くあり、また他方ではアニメやゲームの世界にも広く浸透していることから、世代を超えて歴史愛好ブームが定着しているようである。

こうした現象は、われわれ歴史研究者にとってはうれしいかぎりだが、反面、責任の大きさも痛感せざるをえない。歴史ドラマに描かれている筋立てと史実との食い違いは、厄介な問題の一つである。

いわゆる大河ドラマというのは、あくまでドラマなのであって歴史の再現番組ではない。しかし、にもかかわらず史実に忠実に描こうとする態度もみられるものだから、そのグレーゾーンのあたりの歴史認識は微妙なものとなる。

大河ドラマのどこそこの場面ではこのように描かれていたが、本当ですかという類の質問は日常茶飯事にも近い。日本人の歴史認識が、このような歴史ドラマによって形成されていることを痛感する次第である。

「ドラマか史実か」という背反も問題であるが、他方、「史実」と信じられてきたものが誤りであると判明することもある。本書第2章で取り上げる、関ヶ原合戦の前のこと、豊臣武将たちに追われた石田三成が政敵家康の屋敷に逃げ込んだとされた事件はその典型であろう。これは歴史小説の分野だけでなく歴史学の専門書にもそろって記されていることであって、誰もそれを疑うことはなかった。問題は、三成はなぜ家康のもとに逃げ込んだのか、家康はなぜ三成をかくまったのかという思惑と背景的事情が専ら議論の対象とされてきた。

だが事態は、より根本的なものであった。三成が家康の屋敷に駆け込んだという事実はなかったということが判明したのである。当時の信頼のおける諸史料をつき合わせた結果、三成が逃げ込んだのは家康の屋敷ではなくて、伏見城内にある治部少曲輪と称せられていた三成自身が管理、守衛する場所であった。そこには当然にも三成の屋敷があるわけであり、三成は絶対安全な避難場所である伏見城内にある自身の屋敷に難を逃れるとともに、伏見城外まで追跡してきたけれども城内に入ることができなかった七将たちとにらみ合いの状態にあったというのが実状であった。

本問題の詳細については第2章にゆずりたいが、このような基礎的な事実認識においても過誤を、しかも筆者を含めた歴史研究の関係者すべてを陥れてしまうような過誤を犯すこともありうるということである。

本書は、このようなさまざまな理由や事情に由来して形成される歴史の虚像をテーマとして取り上げ、なぜそのような虚像が形成されていくかという、いわば歴史的虚像の発生メカニズムを検討し、正しい歴史認識はどのようにすれば得られるかという方法的基準について検討することを課題としている。

もくじ

第2章　関ヶ原合戦をめぐる諸問題

第3章　大坂の陣をめぐる諸問題

第1章

歴史書における年号表記の誤り

▼歴史の「年月日」は正しく表記されているか▲

はじめに

本書で最初に取り上げるのは、歴史上の出来事が生じた「年月日」の表記に関する問題である。歴史学において「年号」の持つ意味はきわめて大きく、その記述は正確でなければならないのは当然である。歴史の事象は「何時《いつ》」という日時のスケールを基準として認識され叙述される。この基準を抜きにして歴史学は成り立たないのであり、いわば人間にとっての背骨のような役割を備えた存在である。

だが、歴史学にとって最も重要な意義を担っている日時の表記に関して、実は大きな問題が伏在している。

現在、社会に出回っている歴史関係書では、西暦中心型の記述方式でなされている。西暦を使用することに問題はないのだが、その使用方法を誤ると、大変なことになってしまうのである。以下、いくつかの事例をあげつつ、それらをめぐる諸問題を考えていきたい。

諸事例　年月日表記の虚実

ここからは、我が国の歴史研究書などに掲載されている年月日の表記事例を具体的に見ながら、表記の正誤、ならびに誤った表記による影響を糺していくことにしたい。

事例1　関ヶ原合戦　——二つの西暦がある？

例えば著名な関ヶ原合戦をあげてみよう。関ヶ原の合戦は慶長五年九月一五日に行われているが、「一六〇〇年九月一五日」と書いているものを多く見かける。日本史辞典などにもよく見かける。例えば次のような記述である。

> **関ヶ原の戦**【せきがはらのたたかい】
> 一六〇〇（慶長五）・九・一五、徳川家康率いる東軍（九万）と石田三成率いる西軍（八万）との美濃関ヶ原での合戦。（後略）
> ［A社日本史辞典］

「一六〇〇（慶長五）・九・一五」とは表記されているものの、この辞典を見て、関ヶ原合戦とは西暦「一六〇〇年九月一五日」に起こった出来事だと認識しない人がいるだろうか。百人が百人ともそのように認識することであろう。

だが、これが誤りなのである。なぜなら、関ヶ原合戦の正しい西暦表記は「一六〇〇年一〇月二一日」なのだから。

そしてこの関ヶ原合戦の日時表記をめぐる混乱は随所に認めることができる。当の現地関ヶ原町にしてからが、一方では「一六〇〇年九月一五日」と書いてある本やパンフレットがあるかと思えば、他方では「一六〇〇年一〇月二一日」と説明している表示があるといった具合である。

なぜこんなことになったのかを考えるに、れっきとした権威ある歴史書に「一六〇〇年九月一五日」と書いてあるからである。しかしまた、別の研究書には「一〇月二一日」とも書いてある。どういうことかなと思っても、一般の人には二つの違った日時表記が存在している意味がわからない。で、何となくそれぞれ両方とも書いてしまうことになってしまったと推測される。害は実に大きいと言わざるを得ない。

これは、一方が正しい西暦であり、もう一つは擬似西暦、はっきり言えばインチキ西暦ということだ。この擬似西暦は、以下のようなプロセスをたどって生成される。

関ヶ原合戦の場合、記録や文書に「慶長五年九月一五日」に発生した出来事であると記されている。さて「慶長五年」を西暦表記すると「西暦一六〇〇年」となる（厳密には「西暦一六〇〇年」または「西暦一六〇一年」なのだけれど、説明が錯綜してしまうので、これは言わないことにする)。そこで関ヶ原合戦は「慶長五(一六〇〇)年九月一五日」のことという表記が成立する。ここまでは問題ない。

ところが、ここから誤謬の道に分け入ることになる。

和年号表現は古くさい、西暦本位の表現の方が現代的であり、学校の教科書もすべて西暦表記なのだから、その表記法でいこうということになって「一六〇〇(慶長五)年九月一五日」という西暦本位の表記が広まることとなったのである。このようなプロセスを経て、いつしか関ヶ原合戦は「一六〇〇年九月一五日」に生起した出来事という認識が生成され、そしてその年号表記が定着していったという次第である。

しかしこれが誤り。関ヶ原合戦の生起した日時の正しい西暦表記は「一六〇〇年一〇月二一日」なのである。つまり「一六〇〇年九月一五日」は擬似西暦であって誤りであるということだ。「慶長五(一六〇〇)年九月一五日」は正しいけれども、「一六〇〇(慶長五)年九月一五日」は誤りということになる。

この擬似西暦の正体は、前半の「一六〇〇年」という太陽暦年と、「九月一五日」という陰暦月日という氷炭相容れぬものを結合することによって生じた誤謬日時であるということである。「九月一五日」という月日は陰暦上のそれであるから、太陽暦である西暦の月日とはおのずから食い違うことになる。現代でもよく話題になる「旧正月」や「旧盆」が新暦から一月ほど遅れるという現象と同じことである。

つまり関ヶ原合戦の日時表記は「慶長五（一六〇〇）年九月一五日」は正しいけれども、「一六〇〇（慶長五）年九月一五日」は、すでに誤りに足を充分に突っ込んでおり、「一六〇〇年九月一五日」で完璧な誤謬が成立する。関ヶ原合戦の日時を西暦表記しようとすれば、「一六〇〇年一〇月二一日」しかないということになる。

しかしながら、今日では一般歴史書や歴史グラビア本の世界では、真実の西暦はほとんど使われないままに、西暦表記の体裁をとった擬似西暦がのさばって通用するという恐るべき現象が支配しているのである。

事例2　本能寺の変　――三つの西暦がある？

この問題を、かの本能寺の変について見た場合はどうなるだろうか。これは和暦で「天正一〇年六月二日」のことである。「天正一〇年」は西暦では「一五八二年」。そこで「一五八二年六月二日」という〝西暦〟表記になる。この表記は、世にあふれているグラビア型の歴史物シリーズの中では、当たり前のようにしてまかり通っている。もちろんインチキの擬似西暦である。

これの正しい（とりあえず「正しい」と呼んでおこう）西暦表記はというと、「一五八二年七月一日」である。それゆえに最も正しい表記は「天正一〇年六月二日（一五八二年七月一日）」ないし「天正一〇（一五八二）年六月二日」ということになるであろう。

さてこれで済んだかと思ったところ、いや違う、正しい西暦は「一五八二年六月二一日」だ、という声が上がってくる。例えば、今や全世界で愛用されているインターネット辞書であるウィキペディアで「本能寺の変」を開くと、この「六月二一日」が明記されているのである。なぜだろう。どういうことなのだろうか。

しかしともかく第二の西暦を考慮せざるを得なくなり、こうして本能寺の変の西暦型日時表記は三通りのものが並記されることとなる。

① 一五八二年六月二日
② 一五八二年六月二一日
③ 一五八二年七月一日

現在、世にいちばん多く広まっているのは①の表記だが、これがインチキの擬似西暦であることは既述のとおりである。それでは②と③はどうなるのであろうか。

③はグレゴリウス西暦と称するもので、今日、われわれが日常的に使用している暦である。それゆえに本能寺の変の勃発日を、今日流に表記しようとすれば③の「一五八二年七月一日」が正

解ということになる。

それでは②の「一五八二年六月二一日」は何かというと、これはヨーロッパ世界において、グレゴリウス暦が採用される以前に広く用いられていたユリウス暦の表記なのである。ここでユリウス暦とグレゴリウス暦という、ややこしい問題に踏み込んで行かざるをえなくなる。

簡略に説明すると、ユリウス暦というのは、かのローマのジュリアス・シーザー(ユリウス・カエサル)が紀元前四六年頃に、ギリシアの天文学者・数学者ソシゲネスが作成した暦を公式に採用したことに由来している。この暦がヨーロッパ世界の暦として長きにわたって君臨してきた。それが一六世紀のローマ法王グレゴリウス一三世のときに、ユリウス暦と太陽の位置との間に生じていた誤差がより小さくなるように修正した暦に改訂された。それがグレゴリウス暦であり、今日のわれわれが用いている「西暦」「新暦」である。

さて、ここで偶然のいたずらが顔を出してくる。これは全く偶然のことなのだが、このユリウス暦からグレゴリウス暦への変更の年というのが、皮肉にも一五八二年、この本能寺の変の年なのである。このようにいうと、信長ファンから「彼はやはり、何か持っている!」という声が湧き起こってきそうな展開ではあるが、それは置いといて暦の問題を進めよう。

ユリウス暦、グレゴリウス暦と違いがあるだろうが、われわれにとって意味があるのは今日の暦であるグレゴリウス暦なのだから、それで表記すればよいだけのことではないか、と。

しかしそうはいかない。なぜなら信長の時代は、キリスト教の日本布教の時代・キリシタンの時代だからである。信長と接し、また本能寺の変の情報を得たキリスト教の宣教師たちは、ローマ法王庁に信長に関する情報を書信で報告しており、また信長と深い関係をもっていた有名なイエズス会の宣教師ルイス・フロイスは、のちに『日本史』を著して生前の信長のこと、また本能寺の変について詳述しているが、そこで用いられている月日記述がユリウス暦に基づくものなのである。

それゆえにこの時期の歴史を研究・叙述するために、日本側史料とイエズス会側史料とを併用して考察する場合、グレゴリウス暦ではなくユリウス暦に基づく換算をしなければならないということになる。

この二種の西暦についてはさらに厄介な問題が連鎖的に発生してくる。この一五八二年から採用されたグレゴリウス暦はあくまでローマ・カトリック世界の暦であるから、これと対抗しているプロテスタント勢力はこれに従うべくもなく、プロテスタントの新教世界ではこのあともユリウス暦がそのまま用いられるのである。

すなわち、慶長五年、西暦一六〇〇年に豊後国臼杵にオランダ船リーフデ号が漂着し、オランダ人ヤン・ヨーステン、イギリス人ウィリアム・アダムズらが徳川家康の庇護下に入ることはよく知られているが、新教国の人間であるこの両名、そしてそれに続いて日本交易を始めることになるオランダ人とイギリス人の書信や記録に用いられている暦はグレゴリウス暦ではなく、ユリウス暦の方だということを銘記しておく必要がある。イエズス会士やポルトガル人の暦と、新教国の彼らの暦は異なるのである。

ただし新教国における暦も、いつしかグレゴリウス暦ないし実質的にグレゴリウス暦に近いものに移行していく由である。しかしこの移行は緩慢かつ不統一であったようで、西洋の暦の歴史においても確定しがたい難問ということである。つまりは、個別の史料や記録ごとに、あるいは人物ごとに、どちらの暦に基づいて記載しているかを判定していかなければならないようである。

【東方教会とロシア暦】

さらに次の別問題が生起する。キリスト教世界には、ローマのほかにもう一つの本山がある。ギリシア正教（東方教会）のそれである。西欧を支配したローマ・カトリックとは別に東方世界を教区として、コンスタンティノープル（現イスタンブール）を本山としたギリシア正教（東方教会）がある。

そして当然のことながら、このギリシア正教の支配する東欧・ロシアでは、グレゴリウス暦を否定してユリウス暦が近代まで用いられることになる（現在は修正ユリウス暦と呼ばれる実質的にグレゴリウス暦と日付が一致するものとなっている）。

つまり日本史上の問題としては、一八世紀末のラクスマンの根室入港から始まる長い日露関係の歴史においては、彼我の史料・記録を対照比較しようとするとき、和暦の西暦換算にはグレゴリウス暦ではなくユリウス暦を用いなければならないということを意味する。幕末の日露和親条約の締結交渉に関するロシア側の記録、この交渉に同行していたロシアの文豪ゴンチャロフの同行記などの使用にあたっての留意点となる。

すなわちロシア提督プチャーチンと幕府（日本側全権は川路聖謨・筒井政憲）との間で締結された日露和親条約の場合、その締結日時は和暦「安政元年一二月二一日」であるが、ロシア暦では「一八五五年一月二七日」となっている。しかしグレゴリウス暦で表記すると「一八五五年二月七日」となるという次第である。

事例3　豊臣七将の石田三成襲撃事件　―閏月の入った西暦表記は？

これは関ヶ原合戦の関連エピソードとしてよく知られた事件である。秀吉が没した翌年の慶長四年閏三月三日、政権の重鎮として秀吉没後の政情不安定をともかくも抑えていた前田利家が亡くなる。そうするとそれを待っていたかのように、加藤清正、福島正則ら豊臣政権の主要武将七名が決起して、かねて対立関係にあった石田三成を襲撃すべく軍を動かした。

この襲撃計画を事前に察知した三成は、盟友の佐竹義宣の援護のもとに大坂を離れて伏見に難を逃れる。大河ドラマなどでは、ここから三成は徳川家康の伏見屋敷に駆け込んでその庇護のもとに入るという流れになるのであるが、それが誤りであることは本書の第2章で詳述するところである。

家康屋敷うんぬんは別にして、この日に豊臣七将による三成襲撃事件が勃発していたことは事実である。そしてその事件発生日の西暦表記ということになるのであるが、「慶長四年」は西暦「一五九九年」であるので、例の擬似西暦の表記をもってするならばこの日は「一五九九年閏三月三日」ということになる。「西暦の閏月！」。これは世界中を捜しても決してお目にかかることのできないシロモノであろう。しかし笑い事ではない。このような擬似西暦を無神経に使い続けている限り、常に生起してくる矛盾なのである。

もちろんこれに気がついたならば、あんまりなことなので、これをそのまま一行に書くことはないと思う。そしてこれも常套的なやり方だが、少し離れた場所に「一五九九年には…」という記載があって、そして、この事件を叙述するところでは「その年の閏三月三日には…」というかたちの表記となる。しかしいくら分離したところで、この事件の生起した月日は「一五九九年閏三月三日」であると、その本の読者は受け止めざるを得ないであろう。

あるいは閏月がらみの事件の記述にあたっては、もう月も日も一切書かないと腹をくくるしかないということになってしまう。しかし閏月がらみを抹殺したところで、擬似西暦表記をやっている限り月日はすべて偽物であるという事実に変わりはない。閏月がらみの表記は、偽物性が露骨に現れてしまうにすぎないというだけの話である。

本来、この擬似西暦問題は閏月表記の矛盾に逢着したときに、その根本的な誤りに気づいて全面放棄すべきであったのである。しかしながら、それはなされることなく姑息な弥縫策で矛盾を塗り隠すという対応をとってきたことによって、病弊をいよいよもって深刻化させてきたというのが実情であった。

事例4　赤穂浪士の討ち入り　―和暦一二月の西暦表記は？

著名な赤穂浪士の吉良邸討ち入り事件、「元禄一五年一二月一四日」である。これは日付までが世間周知という数少ない事件の一つである。学術書ではない歴史グラビア本のような一般書では、通例の事件は「年」だけ記して、「月日」は書かないというケースが多いのであるが、この事件に限っては「一二月一四日」という日付まで重要かつ周知のことなので記さざるをえなくなる。

そこで擬似西暦の登場ということになり、「元禄一五年」は西暦「一七〇二」年なので「一七〇二年一二月一四日」ということになるのだが、この著名な事件は一二月に発生しているために、グレゴリウス暦換算をした場合では翌年への繰り越しとなる（同事件はグレゴリウス暦では「一七〇三年一月三〇日」）。

この旧暦の一二月がらみの事件について、新暦表記では翌年に繰り越すという現象だけはよく自覚されていることもあって、したがってこの討ち入り事件の西暦年号が「一七〇三年」になることは紛れがないのである。実際、歴史年表の類ではいずれも赤穂浪士の討ち入り事件は「一七〇三年」の欄に配されている。

そうすると擬似西暦でこの事件を表記すると、「一七〇三年一二月一四日」ということになってしまう。何と大石内蔵助たちは仇討ち実行のために、さらにもう一年、隠忍自重していたということになってしまうではないか。

ここにいたって、擬似西暦の矛盾は明白なのだから、このあたりで誤りに気づいて擬似西暦と決別すべきであったのだ。しかしそうはならなかった。ここは誤りであることを知りながら、「一七〇二（！）年一二月一四日」とやってしまうのだ。これは擬似西暦表記者においてすら誤りであることは自覚されているのだが、どうしようもないので誤りとは知りつつも強行してしまうこととなる。権威あるとされる日本史辞典の次のような記述事例がその典型である。

赤穂事件【あこうじけん】
播磨赤穂藩主浅野内匠頭長矩切腹の原因をつくったとして、旧藩士のうち四七人が一七〇二（元禄一五）・一二・一四、江戸幕府高家吉良上野介義央邸を襲撃した事件。（後略）

これはほとんど無茶苦茶といってよいだろう。しかし現実には、歴史辞典のスタンダードをなしていると信じられている書物ですら、このような記述がまかり通っているわけだから、ほかがこの悪弊を受けないわけはないであろう。

そして病弊はさらに深刻化していく。すなわち、右の問題は和暦一二月がらみの事項の〝西暦〟表記だけにともなう例外的な矛盾であるとして、目をつぶることにするのである。しかしそれは取りも直さず、旧暦一二月にさえ絡まなければ、そのような〝西暦〟表記は特に問題はないという意識が支配することにつながっていくこととなる。

いうまでもなく、旧暦一二月に絡もうが、絡まなかろうが、これまで述べてきたとおり、すべて擬似西暦であって誤りなのである。旧暦一二月のケースは誤謬と矛盾が、より先鋭化しているにすぎないというまでのことである。

事例5　ペリー来航——日米両記録の月日不一致？

幕末のペリー来航問題はどうなるだろうか。米国使節ペリー提督の率いる米国東インド洋艦隊四艘が浦賀に来航したのは幕末の嘉永六年六月三日のことであった。そして「嘉永六年」は西暦で「一八五三年」であるから、例によって「一八五三年六月三日」という擬似西暦が成立する。しかし正しい西暦表記では「一八五三年七月八日」である。

先に本能寺の変の西暦表記問題を述べた。そこではユリウス暦とグレゴリウス暦の乖離問題なども存在したが、そこでの西暦表記問題の核心は、日本人と西洋人、殊にはイエズス会宣教師との交流をめぐって、和暦と西暦との月日の違いを明確に認識しておくことにあった。つまり例えば、本能寺の変およびその前後の出来事を西洋人は何時《いつ》に発生した事柄として記録しているかという問題であった。

その限りで、和暦と西暦との対照は両者の記録の利用に際して不可欠の問題であることはこのキリシタン時代の研究においても充分に認識されていたことであるが、しかしながら幕末・開国時期における両者の暦の比較対照は、それとは比べものにならないほどに重要なテーマとなる。

ここでは一般的な交流ではなくて、条約締結を課題とする交渉が前面に出てくるのであり、殊にアメリカ総領事T.ハリスと徳川幕府との間で行われた日米通商条約の締結交渉にいたっては、日を追うごとの濃密な会談と日米双方における詳細な記録の作成が行われていくのであり、これらの交渉経緯の観察と記録の分析を行うために、和暦と西暦の比較対照は不可欠の作業となるはずである。

ところが、この間の歴史を叙述している日本の書物に出てくる年月日記載は、相も変わらず擬似西暦の「一八五三年六月三日」が大手を振ってまかり通っているというありさまだ。

せいぜい、「一八五三（嘉永六）年六月三日」である。しかしこれは何の解決にもなっていないだけでなく、問題をいっそう悪化させるだけにすぎないともいえる。つまりこれを見た人は、「嘉永六」という文字があるので和暦表記はもう片づいたことになり、その西暦表記に注目することによって、この日を「一八五三年六月三日」と信じ込んでしまうという次第だ。

事例6　日露和親条約――出来事が今日の記念日となっているケース

前項に述べた日露和親条約については、擬似西暦表記の問題とのからみで興味深いケースの一つともなっている。

同条約の締結月日については和暦「安政元年一二月二一日」、グレゴリウス暦で「一八五五年二月七日」であった。「安政元年」は西暦では「一八五四年」なのであるが、一二月がらみのために擬似西暦の表記において一年繰り越しという混乱を引き起こす一例をなしている。そこで先の赤穂浪士の吉良邸討ち入り事件のときのように、「一八五四(!)年一二月二一日」と強行するのも一手なのだが、この条約については特別な事情が付加されている。

それはこの条約において日露両国の国境確定がなされており、クナシリ・エトロフ・ハボマイ・シコタンの千島四島が日本領土であることが明記されている。そこから、この条約が締結された「二月七日」が今日、「北方領土の日」と定められているのである。

すなわちどこから見ても、この問題に関する限り「一八五四年一二月二一日」といった擬似西暦は出る幕が全くないということである。どの歴史事典、歴史叙述においても記されることのまずない擬似西暦として注目すべきものである。

事例7　文久三年八月一八日の政変　——政変名称の変更?

年号の表記では、月日が入らない限りは、それほどひどい間違いにはならない。そして和暦一二月がらみでない限りは、年号だけで押し通すなら擬似西暦の問題は露呈しない。

しかし事件名称に月日が入っているとどうなるか。

幕末に「文久三年八月一八日の政変」というのがある。これは幕末の政治闘争で、外国との通商条約破棄を強硬に主張して攘夷論を呼号する長州藩に対して、幕府・会津藩が薩摩藩を味方につけて長州勢力を京都御所から放逐した一種のクーデターである。

そこで、文久三年は一八六三年だから、正しい表記は、「文久三（一八六三）年八月一八日」なのだが、それを逆転して「一八六三（文久三）年八月一八日」という表記に変えてしまい、そして「一八六三年八月一八日」という擬似西暦を作り出してしまう。

しかし、この政変の正しい西暦は「一八六三年九月三〇日」であり、したがって、「一八六三（文久三）年八月一八日」は間違いということ。そしてここまでは、一般の擬似西暦の誤謬と同じなのであるが、この事件についてはその名称として「八月一八日の政変」という日付が入っていることから、年号問題は事件名称そのものの改変を迫ることになる。

擬似西暦ならそのままでよかったであろうが、今や正しい西暦は「一八六三年九月三〇日」ということが判明した上は、同事件の名称は「九月三〇日の政変」と改称されるべきでは、という声も聞こえてきそうではないか。

事例8　王政復古の宣言　―年号表記問題の総決算

これら年号表記問題の総決算と目すべきものは、「慶応三年一二月九日」の王政復古の宣言であろうかと思う。これの西暦表記は前近代の〝西暦〟年号表記にかかわる矛盾と誤謬の集大成であり、悲劇と喜劇こもごもの哀感の表現ともなる。ここには擬似西暦の誤謬、欧米側記録との日付齟齬、「一二月」がらみの一年繰り越し矛盾、そして擬似西暦と真性西暦との無限循環、等々。年月日の表記問題をめぐる混乱のすべてが集約、集大成されている観がある。

すなわちこの事件の生起した日を西暦表記しようとすると、「慶応三年」に対応する西暦は「一八六七年」だけれど、一二月の事件であるから繰り越し年号となって「一八六八年」になる。そうすると「一八六八年一二月九日」という、例の一年増加問題含みの擬似西暦の登場ということになる。そこでここでも「一八六七（！）年一二月九日」という記載を強行しようとするが、この事件を「一八六八年」の項目にかけている年表なども多いことから、どうもこれは無理筋ではないかという思いにもかられる。

そこで、こういうときは言葉を濁して書かないようにするのが賢明というもの。どんなふうにするかというと、幕末は多事多難な時期であるので一年の間にいくつも有名事件があり、その年号にひっかけて処理するのである。例えば、この慶応三（一八六七）年がらみでは、慶応三年一〇月一四日に徳川慶喜による大政奉還という有名事件がある。

それでこの大政奉還の年号表記であるが、ここでも例のとおり「一八六七年一〇月一四日」という擬似西暦を作り出す。そして王政復古については、この大政奉還を受けて「その年の一二月九日」という表現でもって弥縫するという手法である。

ところがこのような姑息なやりくりを重ねていると、そのうちに不可思議な現象が発生してくることになる。この王政復古の宣言のあった「慶応三年一二月九日」を、正しい西暦で表記すると「一八六八年一月三日」となる。

「一八六八年一月三日」だと。そう、擬似西暦でしっかりと刷り込み教育された方にはすぐわかることだが、これは明治維新の「鳥羽・伏見の戦いの日」にほかならない。つまり王政復古の日と鳥羽・伏見の戦いの日とは、同じ日に起こったということになるのである、と。

もちろん、これはトリックである。しかし擬似西暦を野放しにしていると、いつしかこのようなトリックにからめ取られてしまいかねないということだろう。トリックとも気づかないままに、もはやどれが正しい西暦で、どれが擬似西暦であるかの判別もつかないままに、そしてそもそも擬似西暦が擬似であるという自覚も持たないままに、年号という複雑な荒波に呑み込まれて正常な歴史認識の感覚を失っていかざるをえないことであろう。

先の王政復古と鳥羽・伏見の戦いの同一性の問題に立ち返ってみよう。問題は奈辺にあるか。それは「一八六八年一月三日」という年月日を見たとき、何のためらいもなく、これを鳥羽・伏見の戦いの日と受け止めてしまう歴史感覚にある。そこに誤りの根があるということである。鳥羽・伏見の戦いは「明治元（慶応四）年一月三日」であって「一八六八年一月三日」ではないのである。

ところが鳥羽・伏見の戦いの日は「一八六八年一月三日」だという記述が、あまりに横行しているものだから、ここまで述べても、まだピンとこられない向きもあるかも知れない。それほどに擬似西暦の毒は深く、現代日本人の心の中に染み込んでしまっているのである。

鳥羽・伏見の戦【とばふしみのたたかい】
一八六八（慶応四）・一・三に発生した新政府軍と旧幕府軍との戦闘。（後略）

この権威ある書店から出版された権威ある学者たちの編集と執筆とからなる歴史辞書にこのように書かれていたら、「鳥羽・伏見の戦いは一八六八年一月三日」という認識を持つのは当たり前であろう。それを信じるなという方が空しく響いてしまいかねない。

しかし誤りである。鳥羽・伏見の戦いは「明治元（慶応四）年一月三日」であって「一八六八年一月三日」ではない。「一八六八年一月三日」は擬似西暦であり、その正しい西暦は「一八六八年一月二七日」なのである。

むすびに

擬似西暦と正しい西暦との関係はご理解いただけただろうか。端的に言えば、「慶長五年九月一五日（一六〇〇年一〇月二一日）」のようなかたちで表記された場合の、（　）内の西暦表記は正しい西暦。これに対して「一六〇〇（慶長五）年九月一五日」と表記されている場合に、そこから浮かび出てくる「一六〇〇年九月一五日」は擬似西暦というふうに諒解していただいてまず間違いなかろうと思う。擬似西暦の毒は、それがあまりに長きにわたって野放しにされてきたために、あまりに広く深く人々の心に染み込んでしまっている。一日も早く消え去ることを願うのみである。

結論からいうと、「和暦年月日（西暦年月日）」と表記するのがベストであるが、「和暦年（西暦年）月日」でもよい。もちろん「西暦年月日」は和暦を正しく計算したグレゴリウス暦でなければならないのは当然である。

例えば、王政復古は「慶応三年一二月九日（一八六八年一月三日）」または「慶応三（一八六八）一二月九日」、鳥羽・伏見の戦いは「慶応四年一月三日（一八六八年一月二七日）」または「慶応四（一八六八）年一月三日」とすべきである。

関ヶ原の合戦も「慶長五年九月一五日（一六〇〇年一〇月二一日）」または「慶長五（一六〇〇）年九月一五日」と記せば何の問題もないことである。

このことは、歴史研究書をはじめ、歴史教科書の記述もすべて変える必要がある。幸いにして近年、ようやくこの方向に歴史記述が変わる傾向が見られることは喜ばしいことである。しかしながらこのような修正が施されるまでに、実に戦後七〇年の歳月を要したというところに本問題の根深さが痛感させられる。

しかしまだまだ一般歴史書や歴史グラビア本の世界では、擬似西暦が繰り返し再生産されている。国民の正しい歴史認識を阻害する悪弊であるので、一日も早く全面的に改められなければならないであろう。

第2章 関ヶ原合戦をめぐる諸問題

▼石田三成は家康の屋敷に駆け込んだのか▲
▼歴史認識の形成とその陥穽のメカニズム▲
▼徳川幕藩体制は合戦勝利で確立したのか▲
▼合戦直前の豊臣諸将と家康の思惑と行動▲

はじめに

徳川時代の幕開けにして、いわゆる幕藩体制形成の画期をなすのが、かの関ヶ原合戦である。歴史ファンならずともその名を知らぬ人のないほどに有名な事件であり、それについて記された書物は汗牛充棟ただならず、またテレビの歴史番組や大河ドラマにおいて取り上げられる頻度でも一、二を争うほどの人気テーマと言ってよいであろう。

それほどに人口に膾炙された事柄であり、書物やテレビにおいて繰り返し描き出されている関ヶ原合戦であるが、その描かれ方に誤りがあったならばどうなるであろうか。もとより石田三成が権力をかさにきた佞人であるか、豊臣家に一身を捧げる忠義の臣であるかは価値判断の領域に属することであり、それは評価する人により、また時代の嗜好によってさまざまに異なることであろう。

しかしながら、「まえがき」にも記したことであるが、豊臣七将に追われた三成が避難して駆け込んだのが家康の屋敷であったか、別の場所であったかは価値判断の問題ではない。それは事実認識の問題であり、認識する人の価値観やイデオロギー的立場を超えた問題領域に属することである。ここでは「歴史の見方は人それぞれ」では済まされない。そして関ヶ原合戦をめぐっては、この種の事実認識をめぐる疑義を少なからず指摘することができる。

関ヶ原合戦は、もちろんそれ自体として充分に興味深い事象であるが、同時に徳川幕藩体制の初源をなすものとして、その後代に押し及ぼす影響と規定性は絶大であろう。その意味においても、本章では関ヶ原合戦問題を取り上げることとする。

1節　豊臣七将の石田三成襲撃事件　——三成、家康屋敷に駆け込むの嘘

慶長三（一五九八）年八月一八日に秀吉が伏見城において没したのち、豊臣政権の内部ではその主導権をめぐって角逐が繰り広げられる。五大老の筆頭であった徳川家康の権勢は日ごとに増していったが、同時にこれに反発する石田三成らを中心とする勢力もまた結集して、両者の間では深く内向しつつ権力闘争が展開されていた。家康に対する暗殺の計画は一再ならず噂されていた。

そのような中で政権の重鎮であり、対立抗争の暴発をかろうじて抑止していた豊臣系大名の雄、前田利家が秀吉に続いて翌年の慶長四（一五九九）年の閏三月三日に亡くなる。すると、このときを待っていたかのように同日夜になって軍事蜂起が大坂で勃発した。

それは意外なことに家康に対する暗殺の行動ではなく、石田三成を襲撃することを目的とするものであった。すなわち、加藤清正・浅野幸長・蜂須賀家政・福島正則・藤堂高虎・黒田長政・細川忠興という豊臣系武将七人による石田三成襲撃の企てであった。(注1)

軍人（制服組）と行政官というのはどの世界でも対立の火種を抱えているものであるが、文禄・慶長の役における作戦方針と賞罰の問題などを中心に、かねてから豊臣家臣団の内部におい

て対立関係にあった加藤・浅野ら武人派の面々が、石田三成を討ち果たそうとしてこの挙に及んだものである。

1 基礎的史料による三成襲撃事件の再検討

(1) 事件の展開についての旧来の構図

この事件は関ヶ原合戦の伏線として、歴史書でもテレビの大河ドラマなどでもよく取り上げられるのでご存じの方も多いことであろう。

この事件の経緯は、以下のようなものとして理解されている。三成は当時大坂城内の屋敷にあったが、武将たちの武力蜂起の計画を察知するや、小西行長や宇喜多秀家ら与党の面々と協議・相談をした結果、夜陰にまぎれて大坂を脱して京伏見へ赴くことになる。三成は女乗り物に身を隠し、常陸の武将・佐竹義宣が警護して伏見まで行った。

ここまではよい。これからが問題となる。すなわち、伏見に到着した三成は、徳川家康の伏見屋敷に駆け込んで庇護を求める。家康はその申し出を受け入れて彼をかくまい、大坂から伏見まで追いかけてきた七将が、家康に対して三成を引き渡してくれと談判する。

しかし、家康はこれを拒否して、三成を政界から引退させるという条件のもとに七将を引き上げさせ、そして三成は家康の軍兵に護衛されて居城の近江佐和山に戻ったというのが、大河ドラマなどでおなじみのシーンである。

これについて歴史研究者も、三成はなぜ政敵である家康の屋敷に逃げ込んだのか、家康はなぜ三成をかくまったのかについて、その理由づけの議論を重ねてきたという経緯がある。歴史小説の世界の話ではなく、歴史学の分野でもこれが史実であることは疑われることなく、関ヶ原合戦研究の一環として長きにわたって論ぜられてきたのである。(注2)

しかし、これは全くの誤りであり、事実ではなかった。これは筆者も含めて、ほぼすべての研究者が史実として信じ切っていた問題であっただけに、それが誤りであることが明らかになったときの衝撃はひとかたならないものがあった。この誤りは、筆者が旧著『関ヶ原合戦』(講談社学術文庫、初版は講談社メチエ、一九九四年)を執筆しているときに発見された。

正直なところ、筆者も旧来の事件構図を何ら疑っていなかったので、「家康はなぜ三成をかくまったのか」という動機論を右書の草稿段階ではあれこれ論じていた。しかし、同書で叙述したそれぞれの所論について、典拠を示すための注記作成作業を進めていたところ、この三成襲撃事件のところに至って典拠として掲げるべき史料が見つからないので困った。

非常に有名な事件であり、関ヶ原合戦を論じる論著においてといってよいほどに言及される事件であるにもかかわらず、それを裏づけてくれる史料が見当たらないのである。それどころか、調べれば調べるほど、この事件に関する信頼性の高い史料はいずれも、三成は家康の屋敷にではなく自分の屋敷に入ったとしていることが明らかになってきた。

例えば、秀吉の死の前後から関ヶ原合戦に至る時期の政治情勢の推移をかなり忠実に記した『慶長見聞書』[注3]なる一書には、七将の襲撃計画をめぐって、「治部少輔《ぢぶのしょう》（三成）を女の乗物にのせ、佐竹（佐竹義宣）と同道して浮田（宇喜多秀家）居られ候備前嶋へ参り談合あり。内府（徳川家康）へ此事を申入れ、何とぞ無事に仕るべき由にて伏見へ赴く。秀家より家老をそへ佐竹同道あり。伏見にて治部少輔屋敷は御本丸の次、一段高き所なり」と記す。そして七将は伏見まで追いかけて来たが、「城へ入べき様なければ向島に控へ、此由を家康公へ申入れらるゝ」としている。

すなわち三成は、今回の七将による襲撃問題の平和的解決を家康に依頼するために、佐竹義宣の同道のもとに伏見へ来たけれども、三成が入ったのは、「治部少輔屋敷は御本丸の次、一段高き所なり」とあるように、家康の屋敷ではなくて、伏見城内にある自己の屋敷であったとしている。この点は、それに続けて、三成を追ってきた豊臣七将が城へ入ることができないので追跡をいったん断念したという記述からも裏づけられる。

それでは家康の屋敷はどこにあるのだろうか。これも右記述に、伏見城内に入ることのできなかった七将は、向島《むかいじま》へ行って、家康に決起行動の事情を話したとあるとおり、向島の地である。

この当時の家康の伏見屋敷は伏見城内にはない。それから大きく離れた宇治川河口の向島廃城の内にあった。この向島廃城というのは、秀吉が宇治川河口近くに建てた第一次伏見城の出城として設けられたもので、この当時は廃城の扱いとなっていた。

秀吉は風光明媚な宇治川河口に第一次伏見城を建設したが、地盤が軟弱であったために慶長元（一五九六）年の慶長大地震で天守もろともに城が崩壊するという大惨事を引き起こし、ために、それより北に位置する地盤の強固な木幡山に第二次伏見城を建て直した（現、明治天皇桃山御陵の位置）。

そこで向島の出城は廃城の扱いとなっていたのであるが、石垣など城郭構造は残されていた。そして前述のような秀吉死後の政治抗争の中で、家康は三成派からたびたび襲撃をこうむりかねない危険な情勢が続いていた。家康の伏見屋敷の上手には三成の屋敷があり、三成側から火攻めの攻撃を受けるといった風聞も飛び交うほど。そこで家康に心を寄せる加藤清正や細川忠興らの武将はこれを案じて、家康に安全性の高い向島廃城に居を移すことをすすめ、家康もこれに従って向島に入ったという経緯があった。

それゆえに、豊臣七将たちは三成を追って伏見まで来たが、伏見城内に入れないので向島の家康のもとにやってきたという右の『慶長見聞書』の記述は、この当時の伏見における屋敷配置との関係で充分に整合性を得ていると言えよう。

次に、家康の侍医板坂卜斎の『板坂卜斎覚書』(注4)の記述を見てみよう。同書の著者板坂卜斎は家康の侍医として関ヶ原合戦当時に家康に近侍して、実際のありさまを見聞することのできた人物であることから、同書の史料的価値は高く、関ヶ原合戦研究の根本史料の一つと目されている。

同書では三成が伏見に来って身を置いた場所について、「治部少、西丸の向の曲輪《くるわ》の屋敷へ参着」としている。伏見城西丸の向かいの曲輪にある屋敷、そこへ到着したというのである。これも前掲『慶長見聞書』にある、三成は伏見城内にある自己の屋敷に入ったという記述と整合している。

さらに軍学者宮川尚古の『関原軍記大成』(注5)は関ヶ原合戦関係の記録・聞書の諸説を総合し、二〇数年の歳月を費やして編纂された関ヶ原軍記の集大成版(延宝三[一六七五]年起稿、正徳三[一七一三]年成稿)であるが、同書においても「三成は伏見の城内に入りて、わが屋敷に楯籠もる」とされていて、記述は疑いの余地がないほどに明確である。

このように徳川時代の諸記録の多くが、豊臣七将の襲撃を避けた三成が伏見で身を落ち着けた場所を、伏見城内の自己の屋敷としているのである。

これに対して、三成が家康の屋敷に逃げ込んで保護を求めたとするのは、一八世紀初頭に江戸で活動した兵学者大道寺友山が家康の一代を編年風にまとめた『岩淵夜話』(注6)(元禄末、宝永初年頃成立)の記述である。

七将に追われた三成の行動について同書では、「佐竹右京大夫義宣、伏見におゐて此事を聞、三成と入魂なれハ、夜中に大坂へ下り、直に三成か宅へ行、今度の義ハ理を非に曲て、家康公をねかひいれすしてハ埒明ましと異見に付、宇喜多秀家へ留守の義を頼置て夜に紛れ、女乗物にて伏見へ登り、今度の危き難を御救可被下旨奉歎」として、三成は佐竹義宣に同道されて伏見に至り、そのまま家康の庇護下に入ったとする。

そして七将からの三成引き渡し要求に対して家康は、「身の置所なきままに家康を頼ミ来候を、日頃不快なれハとて押出し候事ハ不罷成、今度の義ハ家康に対し堪忍頼入候」と返答したとしている。同書においては、三成は家康の屋敷にかくまわれたという認識を示しているのである。

しかしながら、大道寺友山は後年の述作において、この認識を訂正することとなる。友山は『岩淵夜話』を著してのち、その叙述の不備を改め、内容を増補する意図を持って、その改訂版と目すべき『落穂集』(注7)(享保一二〔一七二七〕年成立)を編んでいる。

同書においては本事件の経緯は次のように記されている。「大坂を出て道中何の子細もなく、其日の晩景に至り伏見の屋敷へ着致し、義宣には直に向島の屋敷へ被参、御対顔の上にて大坂騒動の次第并帰宅の節、三成を同道被致候儀なとをも委細に被申上候、且家康公被仰候は、右出入の義を我等も聞及ひ候(中略)其元下向あられ、三成を当地へ御同道と有之は重畳の事ニ候、治部少、当地に罷居候上にては、何様ニも致しよき事ニ候と御挨拶被成候となり」と。

石田三成は佐竹義宣に伴われて晩方に伏見の屋敷に到着した。それより義宣は直ちに伏見向島にある家康の屋敷を訪れ、家康に対面の上、大坂での七将蜂起の騒動の次第と、自分が伏見に戻る際に三成を伴ってきたことなどを詳しく語った。これに対して、家康は今回の騒動についてはたいへん心を痛めており、義宣が大坂に下向して三成を伏見まで連れてきたことは誠に結構なことである。三成がこの伏見の地に居ることは、問題を処置する上でいずれにしても好都合なことである旨の御返事であった、ということである。

つまり、ここで家康の屋敷に赴いているのは佐竹義宣であり、三成ではない。三成は伏見の地に来ているが、それは家康の屋敷ではないということである。すなわち大道寺友山は従前の『岩淵夜話』の叙述を訂正して、三成は伏見の自己の屋敷に入ったという認識を示しているのである。

以上のように、徳川時代の信頼のおける諸記録は、伏見に来った三成が身を落ち着けたのは伏見城内にある三成自身の伏見屋敷であるとしているのである。その位置は本丸に続く一段高い場所とも、二の丸（西丸）の向かいとも記されている。

これは伏見城の一郭である「治部少丸」（「治部少輔曲輪」）を指していると考えられる。秀吉の伏見城の曲輪《くるわ》の構成は、図1に見えるように本丸、二の丸（西丸）を囲繞するかたちで複数の曲輪が配されているが、これらは「治部少丸」「右衛門丸」「大蔵丸」など豊臣奉行衆の名前（石田

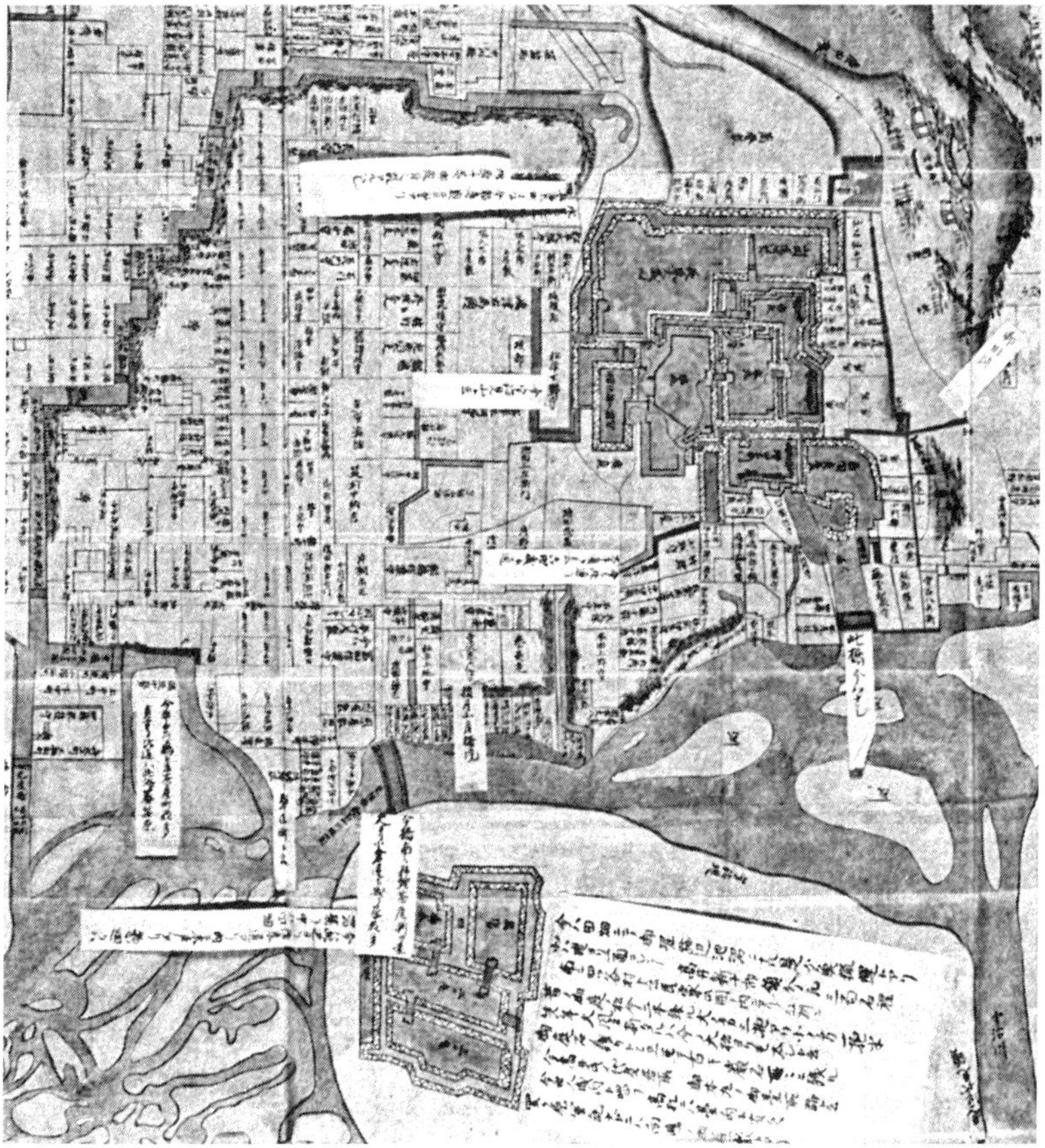

図1　伏見古城図（部分）（所蔵：静嘉堂文庫）

治部少輔三成、増田右衛門大尉長盛、長束大蔵大輔正家）が曲輪の名称として付されており、各奉行がそれぞれその中に自己の屋敷を持つと同時に当該曲輪の管理の任を帯びていたのである。

そして当然にも石田三成の屋敷は、ここ「治部少丸」の中にあったわけである。大坂を脱出して伏見まで来った三成が、自らの身の安全を確保するためにたどり着いた場所とは、伏見城の曲輪の内なる自己の屋敷であった。伏見城内には五奉行の許可がなくては何人も入ることができない。大坂から三成を追ってきた豊臣七将たちも、この伏見城内にまで入ることはできない。三成にとって最も安全な避難場所が、ここ伏見城内にある治部少丸とその屋敷であったということである。

(2) 同時代史料による裏づけ

そして以上の認識は、同時代史料によって裏づけられる。この時期の同時代史料として著名な興福寺多聞院英俊の日次記である『多聞院日記』(注8)の慶長四年閏三月九日条には、次のように記されている。「伏見治部少輔・右衛門尉(増田長盛)・徳善院(前田玄以)一所ニ取籠由候、乍去、噯《あつかい》(扱)在之由候」と。

すなわち、この伏見の騒動に際して三成は、増田長盛や前田玄以と、同一の場所に立てこもった(そして仲裁和議がなされた)とのことだ、という情報を記している。

この年正月一〇日に豊臣秀頼が大坂城へ移ってからは伏見城は主のいない空き城となっており、五奉行が交替で在番を勤めていた。そしてこの事件の当時は前田玄以が伏見城の在番を担当していたことが判明するので(注9)、右の日記において玄以と一緒に(同一の所に)立てこもっていたということは、石田三成がこのとき、伏見城内にあったことを確証してくれることになるのである。

2　歴史認識をめぐる陥穽

それでは、何ゆえにわれわれは今まで、三成は家康の屋敷に駆け込んだと認識していたのであろうか。これは、この事件のみならず、われわれの歴史認識にとって看過すべからざる問題点をはらむものである。これほどに、何人も疑わず、そして百年にわたって百人の人々が同じ認識を共有してきており、確固不動と思われてきた歴史像が崩れ去るということがありうることを示している点において重要である。

ここで注意されなければならないことは次の点である。歴史認識をめぐっての発言として、歴史認識は政治的党派によって、イデオロギー的な立場によって（つまり左翼マルクス主義者か右翼天皇主義者であるかによって）、あるいは時代の移り変わりによって「歴史の見方は変わるものだ」といった類の所説がしばしば語られているが、ここでいう議論は、それとは全く異なるものだということである。

一般に言われる「歴史の見方は、人によって、時代によって変わる」という所説は間違っているわけではないが、それらは当該事象の評価や意味づけに関するものである。例えば、江戸時代のあるときに農民の一揆が頻発していたとしよう。左翼マルクス主義者は人民の革命的意識の高揚として高くそれを評価するし、反対陣営の人はそれを社会的秩序の混乱状態としてネガティブにとらえるといった対立である。しかしこの場合、農民が頻繁に集団的行動を起こしているという「事実認識」は、両者とも共有していて異論は存在していないのである。

つまり歴史の事象をめぐって、その意味づけや評価といった「価値（意味）認識」は人によって、時代によって可変的であるけれども、「事実認識」の方は相対立する人たちの間で共有され、時代を越えて持続しているということが多いのである。

あの三成事件にしてから、議論されているのは「三成はなぜ家康の屋敷に駆け込んだのか。家康はなぜ三成をかくまうという処置をとったのか」という「なぜ」にかかわる意味づけの問題であり、それはイデオロギー的党派性を踏まえつつ百を超える議論がなされてきたけれども、「駆け込んだ—かくまった」という事実認識は、百を超える議論の中においても確固不動の地位を保っていたのである。それほどに、歴史の評価は千差万別に分かれようとも、歴史事象の事実認識の側面は安定しているものなのである。

だが確固不動の地位を誇っており、筆者自身も長らくそれを信じて疑わなかった三成事件のような問題であっても、その事実認識は崩れてしまったのである。演劇で喩えてみれば、正義と邪悪をめぐる華やかな戦いを繰り広げているシーンにおいて、その舞台そのものが崩れ落ちてしまったようなものであろう。あまりよい喩えではないかもしれないが、崩れ落ちたときの衝撃はそのようなものだということである。

より直接的に表現するならば、一つの出来事の是非善悪をめぐって百年にわたる論争を繰り広げていたところ、実はそのような出来事はそもそも存在していなかったとわかったときの虚脱感のようなものであろうか。

歴史事象をめぐる是非善悪の評価は時代により、人によって変わるものだから論争の転変と発言の数々は、そのまま書き残されて問題はない。たとえ、それがくだらない評価の仕方にすぎない議論に思えようとも、間違いではない。

だが、議論となった出来事そのものが存在しなかったとなると、これはそのままではすまなくなる。すなわち、これは遡って歴史の叙述を書き直さなくてはならなくなるのである。事実認識にかかわる問題というのは、それほどに重みを持つものであるし、そのような取扱いは何人とても抗うことのできない性格を有している。イデオロギー的党派性を超えて。

歴史の事象に関する「事実認識」は安定しているものであり、その認識の上に立って、その事象の意味づけや評価をさまざまに議論をしている。だがときとして、安定している、確固不動と信じていた事実認識そのものが崩れ落ちる、あるいはそこまで行かずとも、大幅な修正を余儀なくされるといった状態に陥ることはある。

新発見の史料が世に現れることによって新たな事実の存在が確認されることもあるし、それ自体は既知の事柄であっても、他の事実との関係性を解き明かしていく過程において、その事実の重要性が浮かび上がってくるということも稀ではない。

実証主義歴史学（史学実証主義）の本領が発揮される局面である。歴史学において歴史事象の意味づけ、評価は必要であるし、「史観」とか「歴史認識のパラダイム」などと呼ばれる歴史の解釈枠組みの大切さも一概に否定するものではないけれども、実証主義歴史学が最も関心を払い、常に注意を怠らないのは、このような歴史事象の「事実認識」の吟味にかかわる分野なのである。

本書全体についても言いうることであるが、本書各章の議論が関心を寄せ、「虚像を衝く」と称するものは、多くの場合このように、一般には安定していて確固不動と見なされている歴史事象の「事実認識」にかかわる問題であることをお断りしておきたく思う。

(1) 三成事件をめぐる従来の認識形成のプロセス

この三成事件もそうであるが、そもそも同事件を含む関ヶ原合戦の全体について、その事実認識は、従来、ほとんどのところ次に掲げる二著の叙述に依存し、そこで確定された事実認識を踏襲するのが常であったと言えよう。そして三成襲撃事件をめぐる誤認もまた、この二著に淵源を求めることになるのである。

その二著の一つは旧陸軍の参謀本部戦史課において編纂された『日本戦史・関原役』(注10)であり、

いま一つは徳富蘇峰著『近世日本国民史・関原役』(注11)である。これらは明治・大正年間に編述されたものであるけれども、いずれの書物とも関係史料を博捜網羅して考察を進めるという厳格な態度を持しているがゆえに、その叙述は正確で信頼のおけるものとなっており、今日に至るも、関ヶ原合戦の経緯の事実関係については、歴史小説も史書も研究書も、専らこの二著の叙述に依存してきたという事情がある。研究者の史観や、イデオロギー的立場をも超えて、この二著は歴史における事実関係の局面を支配してきたのである。

私自身もこの両書の価値を高く評価することにおいて、決して人後に落ちるものではない。しかしいかなる良書といえども、人間のなす業である以上は誤謬を免れえないということもまた否定しうべくもない。

この二著に対する信頼はきわめて高いものであるだけに、この両書の叙述に誤りがあるときには、後続の諸書の叙述もまたおしなべて誤りを踏襲していくこととなる。かくして誤謬は層をなして堆積し、もはや誰も疑わなければ逆らうこともできない、牢固たる常識となって確立されることとなる。

三成襲撃事件の経緯について『日本戦史・関原役』は次のように記す。すなわち七将の襲撃計画について、「佐竹義宣、三成と旧あり、これを聞き馳せて大坂に至り、四日(閏三月)三成を擁し伏見に還《かえ》り家康に投ず。七将追ひ来りてこれを家康に請ふ。伏見ために騒然たり。家康思ふ所あり允《ゆる》さず」と。同書は漢文体で記されているために叙述は簡潔であり、ために誤解を生じやすい。問題の原因をなすことになったのは「三成を擁し伏見に還り家康に投ず」の一文であった。

かなり、あいまいな表現ではある。編者の真意は、三成問題の解決を家康に委ねた、ということであったかとも思われるのであるが、あるいはここで既に、編者の中において「三成の身柄を家康に預けた」という誤解が発生していたのかも知れない。

この誤解の原因として考えられるのが、前掲の大道寺友山の『岩淵夜話』である。家康の一代記として知られた同書の記述は、当然なことながら人々の歴史認識に少なからぬ影響を及ぼしたことと思われる。

確かに、この三成襲撃問題を解決の時点で見た場合には、七将の武力行使を抑えて仲裁解決を行ったのが家康であること、そして隠退を承諾した三成を、近江佐和山の居城まで護衛して送り届けたのが家康二男の結城秀康であったことから、三成が伏見に来た当初より家康の保護下にあったような印象を生じやすい状況にはあった。

大道寺友山自身はこの事実認識が誤りであることに気づいて、後年に執筆した『落穂集』では叙述を改めたのであるが、『岩淵夜話』は否定・破棄されたのではないので、この書の叙述内容は独り歩きしてそれなりの影響を及ぼしていたものであろうか。

明治になって参謀本部で『関原役』を編纂するにあたって、諸書を参考にした歴史叙述を進めるのであるが、そこでは『板坂卜斎覚書』も『岩淵夜話』も参考とされたが、この三成の伏見における居所が諸書によって微妙に違うことに気づいたのであろうか、そこで佐竹義宣の行為として「三成を…家康に投ず」というあいまいな表現にしたようにも思われる。

これは三成問題の処置を家康に委ねたとも、三成を家康の屋敷に預けたとも、いずれとも取れる表現となっている。漢文調は簡潔で力感に満ちた表現としてのメリットを有する反面、このような微妙な細部を明確にすることが求められるときに弱点を露呈してしまう。

そして徳富蘇峰著『近世日本国民史・関原役』である。同事件の推移をめぐる構図は、同書において明確に確定されてしまうこととなる。すなわち同書においては、「佐竹義宣またこれを聞き、三成の邸に赴き、彼を女乗物に乗せ、先ずこれを宇喜多秀家の邸に送り、更に護衛してこれを伏見に抵《いた》らしめ、家康に托した。今や窮鳥は愈々猟夫の懐に入って来た」と叙述される。

蘇峰はさらに続けて、「石田の此の挙は、彼としては最善の策であった。彼は実に死中活を求めたのだ」と断ずるのであり、三成が家康の屋敷に逃げ込んでその保護を求めたということは、ここで確かな史実になってしまう。

そして徳富著はさらに、この問題の箇所に「家康、石田を保護す」という節の題名を掲げたことによって、三成が家康の屋敷に逃げ込んで家康に保護されたという「事実」は、もはや疑いをさしはさむ余地のないものとなってしまったのである。(注12)

これ以後の諸書の叙述はこの二著、殊には徳富著の叙述に依拠し、それを祖述するにとどまる。そしてそれらおびただしい書物において叙述されているのは、三成が何ゆえに家康の屋敷に逃げ込んだか、また家康が何ゆえに三成を保護したかの意味と解釈をめぐる論評なのである。

実に一世紀以上にわたって議論は繰り広げられてきたけれども、論評ではなく、事件の事実関係そのものの吟味についてはは不思議なことに、誰も手をつけようとはしなかった。ここに歴史の陥穽がある。前掲二著の信頼性がはなはだ高いために、われわれはそれに安易に依存し、その叙述—特に事実経緯に関する叙述—を踏まえて解釈的な議論を展開するために、事実関係に関する認識は基本著書のそれを無批判に再生産することとなる。

それが一世紀以上の長きにわたって繰り返され、そしてその中には高名な学者の面々の権威ある書物も数多く含まれることによって、なおいっそうその認識は強化されることとなり、もはやそれは何人も疑いをさしはさむことのない歴史の常識として定着することとなってしまうのである。

［補論１］

三成襲撃事件をめぐる近年の歴史ドラマの描き方

筆者が三成襲撃事件において、三成が家康の屋敷に逃げ込んだとする従来の認識の誤りを初めて指摘したのは、一九九四年に刊行した拙著『関ヶ原合戦―家康の戦略と幕藩体制―』（講談社選書メチエ）においてであった。同書を公刊してからというものの、そんな馬鹿なことはないといって相当にバッシングをうけたものであった。しかしそれから二〇年の歳月を経る中において、当時の信頼に足る史料に基づいて考察する限り、筆者の見解は否定されうべくもなく、今日では筆者の見解が定説の地位を得ているように思われる。

ところが、歴史ドラマの世界である。ここでは旧套墨守よろしく、相もかわらず三成は家康の屋敷に逃げ込み、両者のあいだで虚々実々の駆け引きといったストーリーが展開されている。しかしこれに対しては、事実誤認であろうという苦情とお叱りがドラマ制作者に対して寄せられることになり、制作者側の苦衷も察せられるというものである。

しかしこの矛盾と齟齬は何とかしなければならない。そこで次のような弥縫策が講ぜられることになり、場面構成は以下のような流れをとる。①豊臣七将の襲撃を察知した三成は「死中に活を求める」と述べる。②家康のもとに家臣が注進するシーン。「三成が逃げ込んできました」。家康は「来たか！」と発言。③三成、無言のまま独り一室にかしこまっているシーン。④家康、伏見まで追跡してきた豊臣七将を説得して事件を収める。⑤家康は、三成に向かって政界から隠退して居城佐和山に蟄居することを勧めるシーン。

このような流れを見るならば、視聴者は本事件をめぐるドラマの描き方は旧来どおりであって、別段の変化は感じられないであろう。そこで当然にも、詳しい歴史ファンからの苦情が寄せられることになるのであるが、実はこれを切り返す巧妙な仕掛けが、この一連のシーンの流れには施されているのである。

それは右の③のシーンにある。この三成が、いかにも家康の屋敷に逃げ込んで謹慎しているかに見えるこのシーンの下には「伏見城治部少丸の三成屋敷」というテロップが表示されているのである。そうすると②の家康が登場するシーンにもあったテロップ「伏見城本丸の家康屋敷」の意味が明らかになる。この仕掛けの意味が、おわかりになるだろうか。

このドラマの描き方から醸し出される全体的な印象は旧来型と全く同じでありながら、そこに表示されたテロップの指定を踏まえるならば、場面の内容は全く違ったものとされているのである。

すなわち、三成が逃げ込んだ場所は、家康の屋敷そのものではなくて、伏見城内治部少丸にある三成の屋敷となるのである。しかし家康は伏見城の本丸にいて伏見城全体を支配しているわけであるから、「大きく見ると家康の懐に飛び込んできた」という話になるだろう。そしてそのあとは豊臣七将を説得して鉾を収めさせ…、というかたちで描かれているという次第である。このような描き方をすることによって、詳しい歴史ファンから「三成が逃げ込んだのは家康の屋敷ではなく、伏見城治部少丸の三成自身の屋敷だ」という指摘と苦情を巧妙にかわすとともに、大きくは家康の管理下に入ったのだから、家康のところに逃げ込んだという旧来型の描き方で問題ないだろうという対応である。この苦心のロジックと、それを支える二つのテロップの存在に気づかれたであろうか。気づかれたとしたら、それは歴史認識度のハイレベルな方というものであろう。

しかしながら、この苦心の弥縫策も結局は破綻するほかはない。そこには決定的な誤りが存在するからである。どこか？　それは、この三成襲撃事件のとき、家康が伏見城本丸に屋敷を構えていたという認識である。秀吉は死期に臨んで、家康には伏見にあって公儀の政治を司ることを遺言したけれども、伏見城内に入ることは求めなかった。伏見城は五奉行の管理下に置かれていたのである。

そこで家康は伏見に居住したが、その屋敷は伏見城の外郭に他の大名屋敷と並ぶかたちであった。しかしそれではあまりに不用心であったので、家康はその居を第一次伏見城の出丸であった宇治川対岸の向島廃城（本書39頁の図1参照）に移しており、この三成襲撃事件のときにはこの向島廃城内の屋敷にあった。三成が逃げ込んだ治部少丸のある第二次伏見城（現、桃山御陵の位置）

とは、全くかけ離れた場所であった。

そして実にこの三成襲撃事件を、本文に述べたようなかたちで、無事に解決したことによって家康の威望は大いに高まり、家康の伏見城本丸への入城を誰も阻止できなくなった。家康が伏見城本丸に居を移すのは、この三成襲撃事件を解決したあとのことなのである。この家康の伏見城本丸への入城をもって、世上では家康のことを「天下様」になられたと唱えていたほどに重大な事柄であった（『多聞院日記』）。

家康が伏見城本丸にどの段階で入城するかを明確にすることは、この時期の政治史的展開における画期の認識と深くかかわることであるから、決してゆるがせにされてはならないことなのである。

[補論2]　三成襲撃事件における豊臣七将の人名について

この三成襲撃事件をめぐるいま一つの問題は、この三成に対する襲撃を計画し、三成を追って伏見までやってきた豊臣系武将の顔ぶれについてである。それが計七名であったということは当時の史料でも一致している。しかし七名の人名に食い違いがある。本書ではそれを加藤清正・浅野幸長・蜂須賀家政・福島正則・藤堂高虎・黒田長政・細川忠興の七名とした。

ところが他書では池田輝政や加藤嘉明、あるいは脇坂安治などの名が挙げられていることがある。そしてその場合、上記七名から蜂須賀家政の名が脱落するのを常としている。それは残りの六名が人々によく知られた武将たちであるのに対して、蜂須賀家政ひとりが一般的には無名であり、存在感が薄いこともあってのことであろう、ほとんど無意識のうちに池田輝政のような有名な武将に置き換えられてしまうのである。これは現代の改竄というよりも江戸時代の文献においてすでに見られることである。

しかし誤りである。この事件の豊臣七将が前記七名であることは、彼らが三成を追って伏見城下に到着したのち、向島廃城に居住する家康のもとに送られた、彼らの伏見到着を告げ知らせる連名書状の署名から確認されるのである。つまり蜂須賀家政は間違いなく、この七将の一人なのである。

家政は、かの蜂須賀小六正勝の嫡男であり、徳川時代の初代阿波藩主である蜂須賀至鎮の父にあたるが、その存在感は限りなく薄い。だが家政の重要性を見落としてはならない。そして彼こそが、この七将による三成襲撃事件の隠れた主役なのであるから。この点については、この事件がかの文禄・慶長の朝鮮出兵問題に起因しており、殊に慶長の役における蔚山籠城戦（加藤清正らが餓死寸前にまで追い込まれた）への対応、およびそれに続いて現地武将たちによって決定された戦線縮小方針が、石田三成派の目付の報告をとおして秀吉の逆鱗に触れることとなり、関係者が数多く処分されることとなった。そしてその中心人物と見なされた者こそ、この家政と黒田長政の二人であり、両名は謹慎のうえ領地の部分的没収という処罰を蒙っていた（笠谷和比古、黒田慶一共著『秀吉の野望と誤算』一四一頁、文英堂）。

そしてこの事件の遺恨をめぐる報復こそが、この三成襲撃事件の本質であった。それはこの事件の解決後の閏三月一九日付で蜂須賀家政と黒田長政両名宛に出された家康ら五大老連署の文書（中村孝也『徳川家康文書の研究』中巻、四〇四頁、日本学術振興会）でもって、蔚山籠城戦後の対応をめぐって両名に落ち度のなかったこと、そして没収されていた両名の領地が元のとおり返還される旨の名誉回復措置がなされていることによって裏付けられるのである。

つまり蜂須賀家政こそが本事件の主役なのであり、豊臣七将の列から落とされてはならないということである。

(2) 歴史認識問題としての三成襲撃事件

この豊臣七将による三成襲撃事件は、歴史認識とは何かということを考察する上で、きわめて重要かつ興味深い事例としてとらえることができる。

歴史事象の認識をめぐってはその意味づけや評価といった「価値（意味）認識」のレベルと、事象そのものの事実関係を確定する「事実認識」との別があり、それらは混同されてはならないこと。前二者は評価や意味づけにかかわる認識であり、イデオロギー的な立場や時代の要請に応じてさまざまに変容しうる。「史観」とか「（認識の）パラダイム」といったものによって変容を受ける。しかし事象の事実関係の解明に焦点を合わせる「事実認識」は、党派の別や時代の変転を超えて安定し、永続する性格を備えている。

歴史学はもちろん個々の歴史事象の持つ意義や評価の問題にもかかわらなければならないが、しかしより重要な第一義的な任務は、その事実関係の分析であり確定の作業である。この点をいい加減にしては、正しい歴史認識を得ることはできないであろう。三成事件はこの点の重要さをいやが上にも教えてくれているのである。

(3) 歴史認識は多数決によっては定まらない

三成事件はまた歴史認識をめぐる問題において、別の側面からも重要な教訓を与えてくれている。それは歴史学における認識において、「みんながそう言っているから」という認定が、いかに危険なものであるかを如実に示しているということである。

三成事件をめぐる通説的認識、すなわち「三成は家康の屋敷に保護を求めて入った」という認識をめぐって、なぜそのように認定できるかと問うたならば、「どの本にもそう書いてあるから」という答えになるであろう。

三成事件では、そもそもそんな問いすら生じなかったであろう。あまりにみんなが同じことを言っていたから。しかしある歴史事象の認識をめぐって、なぜそうなのかを問うたとき、「みんな、そういう見解だから」という回答に接することは少なくない。その場は、「まぁ、そんなものかな」と思って、それ以上に詮索することをやめてしまうのだが、そこに大きな落とし穴がひそんでいる。掘り下げて考えてみるならば、「みんながそう言っているから」という類の歴史認識は、むしろ危ういということを逆言していることに気づかされる。なぜか。

われわれが歴史上の諸問題をめぐって特定の認識を示す場合、その理由を問われたならば、そのような認識を得るに至った根拠を示すであろう。論理的な妥当性のことでもあるし（演繹的論定）、あるいは特定の新発見の史料や既存の史料の新しく発見された読解などの場合もある（帰納的論定）。それらを根拠として特定の歴史認識が展開されるのである。

それゆえ、もし特定の歴史認識の理由を問われたとき、「みんながそう言っているから」とは普通は言わないものである。「みんながそう言っているから」と言う前に、前述のような演繹的ないし帰納的な根拠を示せばよいだけのことである。動かぬ証拠を提示すればよいだけのことではないか。

このように説明すればすでにおわかりになると思うが、特定の歴史認識の根拠が問われたときに、「みんながそう言っているから」という答えしか返ってこないということは、その歴史認識をめぐっては「確たる根拠を提示しえない」ということを実は白状しているにほかならないのである。

「みんながそう言っているから」という類の言説が、いかに危険なものであるか諒解されることであろう。歴史学において、特に戒められなければならない局面である。「みんながそう言っているから」というのは、「誰も確たる根拠を持っていないが、多数の人がそう言っている」という意にほかならないのであるが、それが空しくて危険であることは、あたかも「0《ゼロ》」という数値にどんな多くの数を掛け合わせても、所詮「0《ゼロ》」にしかならないのに等しい。

これのコロラリー（派生系）として、特定の説をさしたる根拠も史料も提示することなく、大勢でもって頭数の力で押し通そうとするようなケース、反対に、特定の説に対して、さしたる反対の根拠（反証）も提示できないのに頭数の論理でもって圧殺しようとするケースがある。

これらはいずれも、「みんながそう言っているから」というのが主張の根拠となっているわけであるが、それらが学問的に無意味であることは右に述べたとおりであり、そのようなものに依拠することがいかに危険であるかは、この三成襲撃事件の事例が物語るところである。

2節　関ヶ原合戦の歴史的意義

著名な関ヶ原合戦である。徳川家康はこの戦いに勝利をおさめ、それによって幕府を開き、それから二六〇年余にわたる幕藩体制と呼ばれる政治体制を展開させることになった画期として位置づけられている。

1　関ヶ原合戦についての新しい見解　―徳川幕藩体制そのものをめぐる新しい見解

関ヶ原合戦は教科書でもおなじみだが、慶長五年九月一五日、西暦では一六〇〇年一〇月二一日、美濃国、現在の岐阜県の関ヶ原において家康率いる東軍と石田三成率いる西軍とが激突をした有名な戦いである。その戦いを契機として、その後二六〇年にわたる徳川幕府体制の磐石の基礎が築かれた、と一般に理解されている。

しかし、筆者が関ヶ原の合戦を調べている中で、そうした見方に対していくつか疑問が生じてきた。はたしてそのような理解で正しいのかという疑問が出てきたのである。

従来の見解は、関ヶ原合戦における家康の率いる東軍の勝利は、とりもなおさず家康と徳川の勝利であり、それに続く二六〇年余にわたる徳川幕府の支配体制の磐石の基を築いたものと理解し、そのような理解に立ってそれに引き続く幕府の成立、そして江戸時代の歴史が叙述されてきたといってよいであろう。

しかし、この理解が誤っていたら、あるいは少なくとも大きな修正を不可避とするものであったらどうなるであろうか。それは関ヶ原合戦そのものの評価を改めるだけでなく、従来の関ヶ原合戦像を前提に形成されられてきた、これに続く二六〇年余にわたる徳川幕藩体制の歴史像を、根底から改めざるをえなくなってしまうことであろう。そこに関ヶ原合戦研究の重要性がひそんでいる。関ヶ原合戦を研究することは、実は徳川幕藩体制二六〇年の歴史を研究することと相即の関係にあるということなのである。

2 徳川の圧勝だったのか I ——合戦後の全国的領地配置から

まず、いちばん大きな問題となるのは、この関ヶ原合戦後における全国の大名の所領配置である（次頁図2参照）。

黒の■●で記したのが外様大名、白が徳川系の大名で、○は譜代大名、□は親藩である。徳川の取り分、徳川系の領地が意外と少ないことがその図から一目瞭然に見てとれる。徳川の領地は

●豊臣系

番号	領地・居城	氏名	知行高（万石）
❶	陸奥・会津	蒲生秀行	60
❷	信濃・川中島	森忠政	14
❸	越後・春日山	堀秀治	30
❹	加賀・金沢	前田利長	120
❺	安房・館山	里見義康	12
❻	紀伊・和歌山	浅野幸長	38
❼	伊賀・上野	筒井定次	20
❽	摂津・大坂	豊臣秀頼（のち抹消）	65
❾	播磨・姫路	池田輝政	52
❿	備前・岡山	小早川秀秋	51
⓫	安芸・広島	福島正則	50
⓬	丹後・宮津	京極高知	12
⓭	伯耆・米子	中村一忠	18
⓮	出雲・松江	堀尾忠氏	24
⓯	讃岐・高松	生駒一正	17
⓰	阿波・徳島	蜂須賀至鎮	18
⓱	伊予・今治	藤堂高虎	20
⓲	伊予・松山	加藤嘉明	20
⓳	土佐・浦戸	山内一豊	20
⓴	豊前・小倉	細川忠興	40

●豊臣系

番号	領地・居城	氏名	知行高（万石）
●21	筑前・名島	黒田長政	52
●22	肥前・唐津	寺沢広高	12
●23	筑後・柳河	田中吉政	33
●24	肥後・熊本	加藤清正	52

■戦国時代以来の旧族系

番号	領地・居城	氏名	知行高（万石）
■1	陸奥・仙台	伊達政宗	60
■2	出羽・山形	最上義光	57
■3	出羽・米沢	上杉景勝	30
■4	陸奥・盛岡	南部利直	10
■5	出羽・久保田	佐竹義宣	19
■6	長門・萩	毛利輝元	30
■7	肥前・佐賀	鍋島直茂	36
■8	薩摩・鹿児島	島津忠恒	61

□徳川親藩

番号	領地・居城	氏名	知行高（万石）
□1	武蔵・江戸	徳川家康	200
□2	常陸・水戸	武田信吉	15
□3	尾張・清洲	松平忠吉	52
□4	越前・福井	結城秀康	67

○徳川譜代

番号	領地・居城	氏名	知行高（万石）
①	上野・館林	榊原康政	10
②	下野・宇都宮	奥平家昌	10
③	陸奥・岩城平	鳥居忠政	11
④	美濃・加納	奥平信昌	10
⑤	伊勢・桑名	本多忠勝	10
⑥	近江・佐和山	井伊直政	18

図2　関ヶ原合戦後の大名所領配置（石高は笠谷和比古著『関ヶ原合戦』講談社選書メチエ3，1994年，171-173頁などに拠る。千の単位は四捨五入。）

どうであるかというと、図2では一〇万石以上の大名をあげているが、陸奥の岩城平《いわきだいら》が北・東の限界となっている関八州はもちろん徳川の領国であり、東海道筋も三万石、五万石という中小大名だが、いずれも徳川の譜代大名が続く。

尾張には松平忠吉がいる。一般にはなじみがないが、関ヶ原合戦で非常に大きな働きをした、家康の四男にあたる人物である。北陸・越前には結城秀康がいる。彼はあとで松平に改姓して松平秀康になる。家康の二男にあたり、の

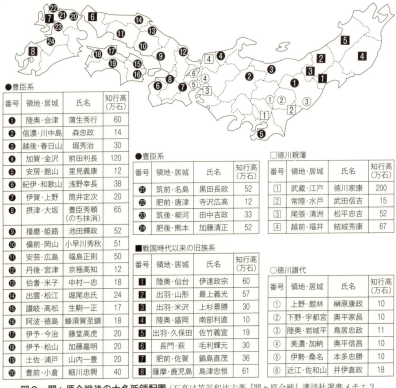

ちの将軍・秀忠の兄筋にあたる人物である。関ヶ原合戦そのものには参加しなかったが、関ヶ原合戦に先行する会津攻めの途上、家康が反転をして西の関ヶ原で戦うとき、会津の軍勢が関東に乱入することを防衛するために宇都宮城に留め置かれ、対上杉戦争の守備・防衛を担った。結局、上杉は全く関東に手を出すことができなかったので、家康の関ヶ原の合戦における背後の憂いを絶ったという防衛の功で、越前六七万石という大封を授けられている。

近江国を見ると、井伊直政がおり、近江の佐和山一八万石をもらっている。ここは、石田三成の居城であった。西軍の事実上の総大将である石田三成の居城をもらうということは、井伊直政がこの戦いにおいて大きな働きをした、つまり、論功行賞の一つのシンボルともなるので、非常に高い評価であると言えるだろう。

【京以西には徳川系大名が不在】

しかし問題はそこからで、近江から先、京から西を眺めやったとき、そこに徳川系の大名を見いだすことができない。これは、どういうことかという疑問が浮かぶ。今、図2で表現しているのは一〇万石以上の大名だが、これをさらに規模を小さくして、五万石、三万石、さらに一万石のレベルまで落としても、徳川系の大名は一人もいない。これは私自身も驚きであった。

丹波国、但馬国、備中国、さらには九州の豊後国、日向国などには二、三万石クラスの中小規模の大名も数多くあることから、そこには徳川系の譜代大名も混在しているのだろうと思っていたが、子細に調べてみたところ一つも存在しないということが判明した。(注13)これはいったいどういうことだろうか。

この京以西に徳川系大名が不在という領地配置の意味合いも考えなくてはならないが、それは本書の第3章にゆずることにして、ここで問題としたいのは、関ヶ原合戦後の全国的な領地配分の結果として、かくも外様大名が多いのは何ゆえであるのかという問題である。殊に豊臣系の外様大名の多さである。京から西はすべて外様大名であるが、その八割が豊臣系の外様大名で、残りの二割が、関ヶ原の負け組である島津、領地を大きく減らされた毛利、肥前の鍋島など、一般に戦国時代以来の旧族系大名といわれている外様大名である。

さらに他の地方を見てみよう。北陸では、越前には先ほどの結城秀康がいるが、その他の加賀の前田、越後の堀秀治などはすべて豊臣系の大名である。さらに会津にも豊臣系の大名である蒲生がおり、信州川中島の森忠政も同様であり、豊臣系の大名の分布はきわめて広範に及んでいる。

そして会津から北の方を見ると、そこには最上、伊達、南部といった旧族系の大名がおり、徳川にとっては、やはり外様大名である。つまりこのようにして見ると、日本全国はあらかた外様大名が支配しており、徳川の取り分は日本全国の三分の一ほどしかない。これが現実であった。

一般に、関ヶ原合戦で家康の率いる東軍が勝利をおさめたのだから、徳川は日本全国の領土の半分以上ぐらいは当然領有することになったのだろうという、一つの思い込みのようなものがあったろう。しかしこのように全国地図を広げてみると、徳川の取り分は三分の一しかなく、三分の二は非徳川の外様大名であることが一目瞭然となる。その三分の二の外様大名のうち、半分が豊臣系の外様大名、そして残りの半分が旧族系大名というかたちで、天下が三分されているといってよい。

徳川の側から見た場合、三分の二が非徳川の外様大名である。家康と徳川は、関ヶ原合戦で勝利をおさめたはずなのに、このような領地配置になっているのはいったいどういうことなのか。従来この根本的な問題が等閑に付されていたのである。

3 徳川の圧勝だったのか Ⅱ ——関ヶ原合戦の陣形から

もう一つ、関ヶ原合戦をめぐって不可思議な問題がある。それは本戦における陣形図である。次頁の図3は、関ヶ原合戦のよく知られた配置図だが、東軍の構成に奇妙な点がある。

東軍は、中山道をはさんで南に先鋒第一の武将である福島正則がいる。彼は豊臣系の大名であり、関ヶ原合戦における東軍の最前線に位置している。それに続いて藤堂高虎、京極高知という豊臣系武将二名がいる。中山道の反対側には、家康の四男・松平忠吉と井伊直政の率いる二隊が

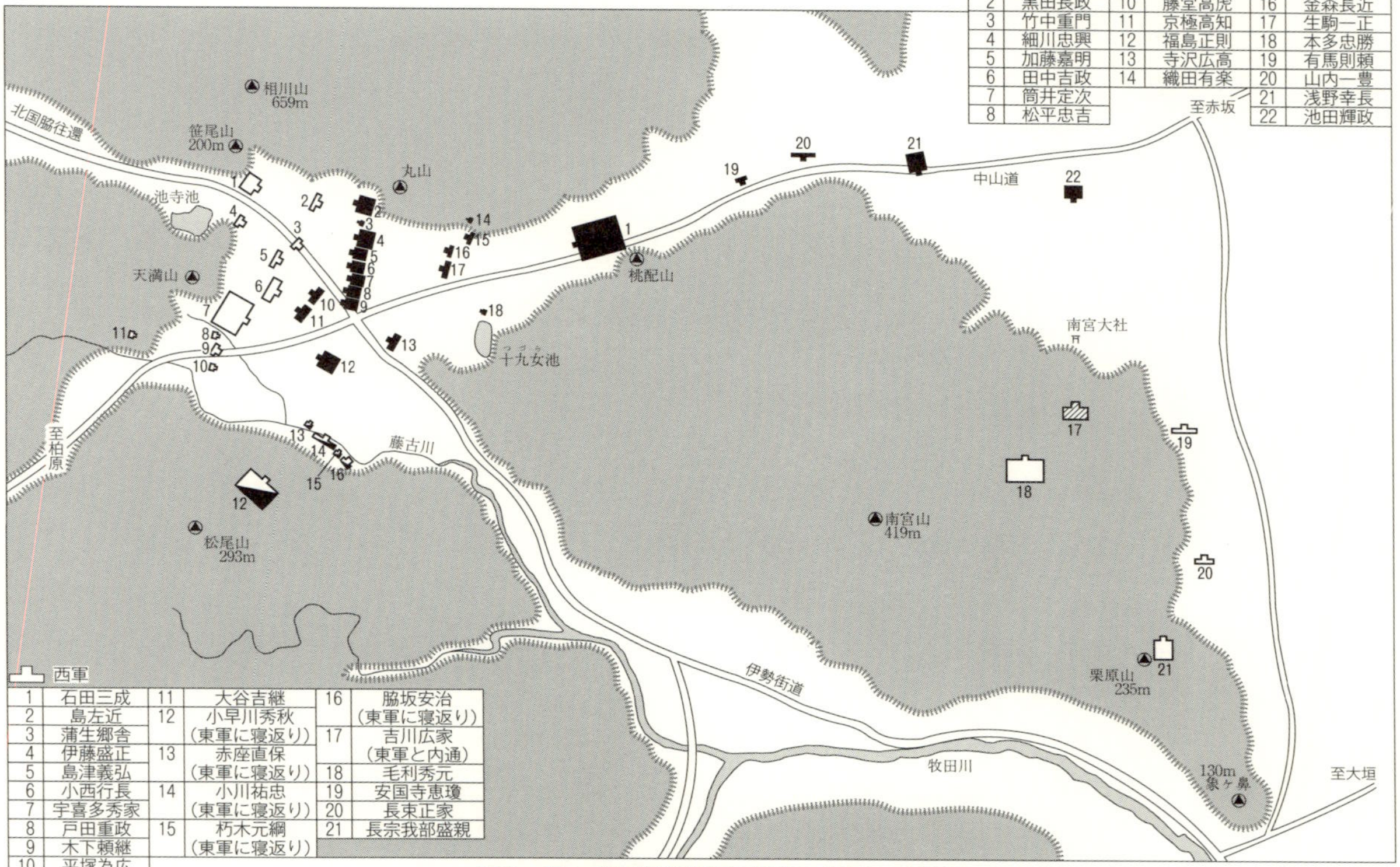

東軍

1	徳川家康	9	井伊直政	15	古田重勝
2	黒田長政	10	藤堂高虎	16	金森長近
3	竹中重門	11	京極高知	17	生駒一正
4	細川忠興	12	福島正則	18	本多忠勝
5	加藤嘉明	13	寺沢広高	19	有馬則頼
6	田中吉政	14	織田有楽	20	山内一豊
7	筒井定次			21	浅野幸長
8	松平忠吉			22	池田輝政

西軍

1	石田三成	11	大谷吉継	16	脇坂安治（東軍に寝返り）
2	島左近	12	小早川秀秋（東軍に寝返り）	17	吉川広家（東軍と内通）
3	蒲生郷舎				
4	伊藤盛正	13	赤座直保（東軍に寝返り）	18	毛利秀元
5	島津義弘			19	安国寺恵瓊
6	小西行長	14	小川祐忠（東軍に寝返り）	20	長束正家
7	宇喜多秀家			21	長宗我部盛親
8	戸田重政	15	朽木元綱（東軍に寝返り）		
9	木下頼継				
10	平塚為広				

図３　関ヶ原合戦陣配置図（慶長５年９月15日早朝）

あり、この二隊は徳川の軍隊である。ところが、そこから北に並ぶのは黒田長政・細川忠興・加藤嘉明などといった豊臣系の武将たちである。後続の部隊もやはり豊臣系に分類される織田長益(有楽斎)などである。南宮山の毛利勢に備える東軍部隊に目を向けても、やはり池田輝政・浅野幸長・山内一豊・有馬則頼など、いずれも豊臣系武将たちのそれである。

つまりこの関ヶ原合戦における東軍の前線の構成を見た場合、純徳川軍といえるのは松平忠吉と井伊直政の二隊しかいない。本多忠勝の名前も図にあるが、このときの彼は軍目付《いくさめつけ》、すなわち憲兵隊長のような役割でもって参加をしているので、井伊直政のような三千名からなる軍勢を率いているわけではなく、そこには正規の軍隊は存在しない。

この関ヶ原合戦において東軍の前線を形成している部隊は全部で四万数千と言われているが、そのうちの純徳川の勢力は松平忠吉と井伊直政の二隊であり、それぞれ三千名ずつと計算して六千名。四万数千のうち六千名しか純徳川の前方部隊がいない。これは非常にバランスを欠いたあり方と言わねばならない。

後方を見ると、家康の周囲に非常に大きな布陣がなされている。家康の周りを取り囲む徳川の軍勢は二万とも三万とも言われているので、それで前方軍勢とのバランスが取れているようにも見えるが、武士の世界におけるこの種の軍事構成を専門的に考えた場合、それではすまない。

軍隊の勢力というのは単に兵士の数によるのではない。その軍隊が強いか弱いかは、専ら敵方

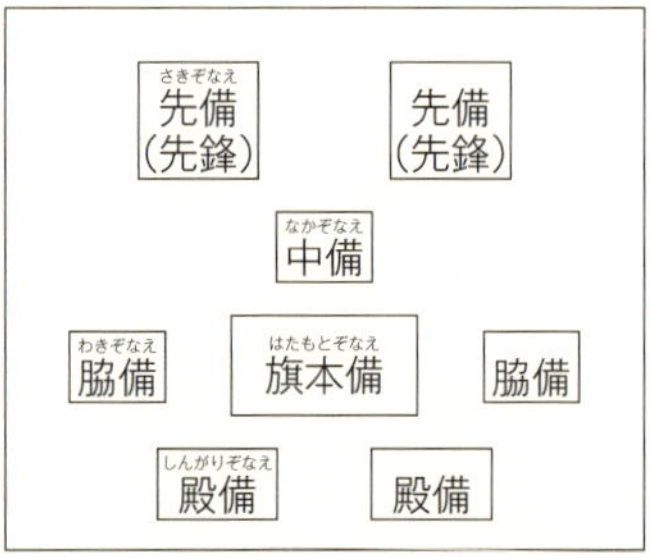

図４　一般的な陣形（上方向に敵陣がある）

と最前線で対峙する先鋒部隊（「先備《さきぞなえ》」）の攻撃能力の高さによる。これは武士の社会の大きな原則である。一つの大名家の部隊の強さ弱さは、前線部隊の強さ弱さに大きく依存する。それゆえに、この前線をまかされた武将の重要さは、武士の社会においてきわめて重要な意味合いを持つ。

総大将を取り囲む部隊は「旗本備」と呼ばれるが、合戦においては総大将を防護する守備に徹して敵方との交戦には加わらないものである。当然のことながら、合戦に勝利した暁にも、論功行賞の恩恵にはあずかりにくい。恩賞にあずかるのは、当然のことながら最前線において敵方と厳しい戦いを展開し、これを見事に撃ち破った先備の部隊であり、それら先備を指揮して戦った先鋒武将ということになる。

この原則を前提として東軍の前線部隊の構成を考えたとき、徳川の前線配備の部隊がわずか二隊しかないということの異常さが浮かび上がってくるとともに、このバランスを逸した構成と、先述した戦後の領地配分における豊臣系武将たちへの大封授与と、徳川系領国の意外なほどの少なさという現象が、実は相即の関係にあるのだという一つの見解に到達する。この両者はまことに理に適った関連を有しているのである。

そうすると家康はなぜ、自己の周囲にある二、三万と言われる大軍から、五、六千名ほどの兵を割いて前線に配備しなかったのかという問題がクローズアップされてくることになる。そうすれば東軍の前線戦力が強化されるのみならず、東軍における徳川部隊の存在感も増大し、合戦後の領地配分においても徳川の取り分を有利にすることができるであろう。しかし現実にはそうならなかった。

そこから私はある仮説をもって、家康の周りの三万とも言われる部隊の中身を開いてみた。(注14) その結果が次頁の表1にあるが、予想通りここには攻撃型戦力がない。つまり、家康を防御するという防衛的な意味はあるけれども、前線に出て先備を構成し、独立武将として戦いうるような戦力が家康の周囲には欠けているということが、表1から出てくる帰結となる。

では徳川の攻撃型戦力はどこにあるか。それは家康のもとではなく、彼とは別個に行動した彼の嫡子・徳川秀忠によって率いられている部隊、つまり中山道を進んでいる徳川勢力三万に徳川の主力部分があるということが表1から導き出される。そしてこれを確認すべく、徳川秀忠率いる部隊も開けてみた。(注15) それが次頁の表2となる。

ここには秀忠を防御するいわゆる旗本部隊のみならず、供奉《ぐぶ》という名前で書かれている多数の独立武将がいる。この供奉という武将は家康の部隊にはいない。供奉とは一人一人独立の備えを持って攻撃的に参戦できる能力を持つ武将で、秀忠部隊の中にはこの独立的な攻撃戦力を有した

表１　家康軍の構成

部署	武将名	領地・石高（万石）	戦後領地・石高（万石）	備　考
先手	松平忠吉	武蔵忍10.0	尾張清洲52.0	
	井伊直政	上野箕輪12.0	近江彦根18.0	
軍監	本多忠勝	上総大多喜10.0	伊勢桑名10.0	本多隊主力は中山道
大番頭	松平重勝	不明	不明	慶長17年に越後三条2.0
	水野重央	武蔵0.7	同左	慶長13年に常陸久慈1.0
	水野分長	－	尾張小河0.9	慶長11年に三河新城1.0
百人組頭	成瀬正成	下総栗原0.4	甲斐国内2.0	
鉄砲頭	安藤直次	武蔵穴師0.1	同左	慶長12年に遠江国内1.3
持筒頭	渡辺守綱	武蔵松山0.3	同左0.4	慶長15年に尾張国内1.4
御馬前	本多正純	－	－	のち下野小山3.2
	西郷忠員	下総生実0.2	同左0.5	元和６年に1.0に加増
	牧野信成	武蔵石戸0.5	同左	寛永10年に1.1に加増
旗本備	永井直勝	上総市原0.5	同左0.7	元和３年に常陸笠間3.2
	阿部正次	武蔵鳩谷0.5	同左1.0	書院番頭
	松平（奥平）忠明	上野小幡0.7	三河作手1.7	
	本多康俊	下総小篠0.5	三河西尾2.0	一説に本隊の後陣
	西尾吉次	武蔵原市0.5	同左1.2	
	本多正重	－	近江坂田0.1	元和２年に下総相馬1.0
後備	奥平信昌	上野小幡3.0	美濃加納10.0	
	松平（大須賀）忠政	上総久留里3.0	遠江横須賀6.0	家臣は館林城守備
	本多成重	下総井野0.3	同左0.5	慶長18年に越前丸岡4.0
	戸田尊次	伊豆下田0.5	三河田原1.0	嫡子重能も同道
南宮山押え	本多忠朝	（なし）	上総大多喜5.0	本多忠勝二男
大垣城寄手	水野勝成	三河刈谷3.0	同左	曽根の要害守備
	松平（戸田）康長	武蔵深谷1.0	上野白井2.0	同上

（笠谷和比古著『関ヶ原合戦』講談社選書メチエ３，1994年，137頁に拠る。）

表２　秀忠軍の構成

部署	武将名	領地・石高（万石）	戦後領地・石高（万石）	備　考
先手	榊原康政	上野館林10.0	同左	
老臣	大久保忠隣	相模小田原6.5	同左	
	本多正信	上野八幡1.0	同左	
供奉	酒井家次	下総垂井3.0	上野高崎5.0	
	本多忠政	－	－	本多忠勝の嫡子
	本多康重	上野白井2.0	三河岡崎5.0	
	牧野康成	上野大胡2.0	同左	
	酒井重忠	武蔵川越1.0	上野厩橋3.3	
	酒井忠世	武蔵川越0.5	上野那波1.0	酒井重忠嫡子
	酒井忠利	武蔵川越0.3	駿河田中1.0	酒井重忠弟
	高力忠房	武蔵岩槻2.0	同左	
	土岐定義	下総守屋1.0	同左	
	小笠原信之	武蔵本庄1.0	同左	信濃妻児城で戦闘
	諏訪頼水	上野総社河1.2	信濃諏訪2.3	上野高崎城守衛
	安部信盛	武蔵榛沢0.5	同左	慶安１年に摂津国内1.9
	戸田一西	武蔵鯨井0.5	近江大津3.0	
	高木正次	相模海老名0.5	同左0.7	
	青山忠成	相模高座0.5	同左1.5	子幸成・忠俊も同道
	内藤清成	相模当麻0.5	安房勝山2.0	
	土屋忠直	相模禰宜内0.3	上総久留里2.0	
御使番	土井利勝	上総鼠穴0.1	下総小美川1.0	
後備	奥平家昌	－	上野宇都宮10.0	奥平信昌嫡子
	菅沼忠政	上野吉井2.0	美濃加納10.0	奥平信昌三男

（笠谷和比古著『関ヶ原合戦』講談社選書メチエ３，1994年，118頁に拠る。）

武将十数名を数えることができる。

つまり関ヶ原合戦全体を見た場合、徳川の攻撃型部隊からなる主力軍を率いていたのは家康ではなく、嫡子・秀忠であったということになる。これは、それまでの関ヶ原合戦研究の最大の盲点であったと言ってよいであろう。美濃国関ヶ原において家康を総大将として東軍が戦っている以上、家康の周囲の軍隊が徳川主力軍であろうと見て、何人も疑わなかったことである。秀忠が率いて中山道を進攻していた部隊は、単に徳川の別働隊というぐらいにしか思われていなかった。しかしそれは単なる別働隊ではなく、むしろ徳川の主力軍であった。そして関ヶ原の地にあった徳川部隊の三万は、領地石高も一万石以下の、いわゆる旗本たちからなる防御的性格の部隊でしかなかったということである。

この事実に逢着したとき、中山道を進んでいた秀忠部隊が、信州上田において西軍に属した真田昌幸に食い止められ、ついに関ヶ原合戦に参加することができなかったというエピソードの意義が、一段と重みを持って立ち現れてくることとなる。旧来はこの一件を、徳川秀忠の若気のいたりによる失態などといったかたちで、付随的なエピソードとして語るにとどまっていたのだが、今やそれは関ヶ原合戦の本質にかかわる重大問題であることが明らかとなる。

すなわち秀忠が率いていた三万の軍勢というのは、単なる徳川の中の三万ではなく、徳川主力としての三万であり、それが遅参をしたということは、関ヶ原合戦において徳川系部隊には徳川主力軍は存在していなかったということになる。ゆえに、関ヶ原合戦において東軍前線に配備された徳川部隊は、松平忠吉と井伊直政のわずか二隊にすぎなかったという事情が諒解されるであろう。

これまで関ヶ原合戦に対する認識として、東軍が徳川軍を主体とした構成であることは不動の大前提であった。それに若干の豊臣系武将が参加しているというほどの理解であったろう。しかし今や、その大前提が成り立たなくなってしまった。東軍の主力は徳川部隊ではなく、むしろ家康に同盟した豊臣系武将たちの軍団であったという帰結となる。

4 関ヶ原合戦の本質　――豊臣政権の内的矛盾の発現として

旧来は関ヶ原合戦を豊臣と徳川の間の政権交代というかたちでのみとらえてきたが、関ヶ原合戦がこのように複雑な構図を持っているとわかった今、単純に豊臣と徳川の政権交代の場というだけではなく、より深くより重要な因子も伏在しているととらえるのが妥当となるであろう。

つまり、豊臣と徳川との戦いという単純な問題ではなく、より複雑な構造を持ったものであり、豊臣政権の内部に胎胚していた諸々の矛盾の発現であり、それら諸矛盾の発するエネルギーの集約点としての政治的分裂であり、軍事的暴発であった。そして、この関ヶ原合戦を構成する豊臣政権の矛盾とは何かを考えるに、以下のような五つの対立構図が浮かび上がってくる。

(1) 豊臣家のファミリー内の問題

第一番目の問題は、いわば豊臣家のファミリーとしての内部対立であり、秀吉の幼子秀頼をめぐる確執である。ここでは当然にも関白秀次事件が一つの争点となる。

① 秀頼の誕生と関白秀次事件

秀頼が生まれたことにより、秀吉と、秀吉からいったんは家督を譲られた関白・秀次との間に軋轢が生じる。秀吉は、将来的には秀頼と秀次の女子とを娶せ、秀頼を秀次の婿養子のかたちにすることで豊臣の家督が秀頼に継承していけるように取り計らったつもりでいた。しかし秀次には秀吉と違って多くの子があり、男子もすでに四人を数えていた。秀吉としては、秀次そしてその養嗣子秀頼という継承を考え、秀次もそれを諒承してはいたであろう。

しかし秀吉が死んでしまったあとも、はたしてその誓約は守られるであろうか。そもそも行跡に問題を抱えている秀次が、秀吉が亡くなるや態度を豹変させて秀頼排除に走るのではないかという想定は、考えたくなくとも、秀吉の脳裏から離れることはないであろう。この秀吉の疑心を振り払う有効な手立てはないのである。秀吉の猜疑の念は日を追うごとに深まっていかざるを得ない。

秀次はというと、秀吉がそのような猜疑の目で自分を見ているであろうということは、おのずから感得される。彼の耳に忠告立てして言う者もあろう。秀次は次第に自分が危険な状況に追いやられつつあることを覚悟せざるを得なくなってくる。近しい武将、大名たちとは、なおいっそう誼みを通じ、もし万一の危機が発生した場合を想定して結束を固めておかねばならない。

しかしそれらの行動は秀吉側からすれば、秀次は与党を多数集めて秀吉に謀反を企てているのではないかという疑念の増幅に帰結していく。おそらくは、このような疑心と猜疑の相互作用が重なり合っていく中で、双方ともに抜き差しならない状態に陥ってしまったのであろう。それが秀次事件の性格であったと考えられる。

文禄四（一五九五）年七月、秀次に対して、落髪の上で高野山に追放という処分が下された。しかしこれでは終わらなかった。秀吉の死後に秀次が巻き返しに出て、与党大名たちの助力のもとに政権奪還に走るやも知れぬ。ちょうど壬申の乱で大海人皇子が吉野から帰還して近江朝を滅ぼし、天智の子・大友皇子を殺して政権を奪取したように。

こうして秀吉の猜疑の思念はいや増して深まり、底なしの淵へ人々を引き入れていく。秀次には切腹が命ぜられ、側近の者たちもみなこれに殉じて切腹して果てた。さらには秀次の側室および子女（四男一女）ら三〇名余が京の三条河原において殺戮されるという、目を覆うばかりの惨劇が繰り広げられた。

これすべて、自己の死期の近づきつつあることを自覚した秀吉が、我が子秀頼の将来を案ずるあまりの焦慮にかられたことによるものであり、秀頼を脅かす要因の一切を抹殺しなければならぬとする妄執に出たものであった。秀吉とてそれが愚行であり、豊臣政権の分裂につながるであろうことは考え及ばぬことはなかったであろうが、一子秀頼の将来のみにすべてが傾注され、破滅的な展開と徹底殺戮という選択しか思い至らなかったのであろう。

一時期、秀頼は秀吉の実子ではないとか、秀吉もそれは承知のことであったなどという説が世上を賑わせたことがあったが、この秀次事件一つを見るだけでも、それがおよそナンセンスな話であるのは論をまたないことではないか。

② 淀殿と北政所との対抗問題

秀次事件はこのような経緯をたどったが、豊臣家内部にはもう一つの重要な対立が存在した。北政所・ねね（「おね」と呼ぶのが正しいとされている）と淀殿との対抗という、いわば女性の対立である。

北政所が関ヶ原合戦に際して、子飼いの加藤清正や浅野幸長ら豊臣武将たちに家康方につくようにと教唆したといわれる。しかしながら、この二人の対立はいわゆる小説ネタの話であって、両者の間に確執などはないという見解も研究者の間では少なからずある。では、北政所と淀殿との関係は実際にはどうであったのだろうか。

淀殿は織田信長の妹・お市の方と浅井長政との間の子であり、血筋的には秀吉より格上である。北政所と比べても、淀殿の方が格上となる。北政所は秀吉にとっての正妻、淀殿は側室ではあるが、やはり主君筋の人間なので北政所も一目置かざるを得ない。第二夫人といった存在であろう。さらに淀殿には秀頼の生母という強い立場もあり、いろいろな意味から、北政所は大坂城を追われるようにして京の三本木の地（現、京都御苑内の仙洞御所南の地域）でひっそりと隠遁生活をしていた。自発的な退去とはいえ、追い出されたようなかたちで隠棲生活をしている状況を周囲の人々は哀れと受け止めていたのだろう。

しかし近年の研究が指摘しているところであるが、北政所は関ヶ原合戦に際して、西軍サイドで立ち働いていることが明瞭であるとされている（注16）。

例えば、西軍の雄である宇喜多秀家が、京の秀吉廟所である豊国社の前で出陣儀式を行うに際して、北政所はそれに立ち合っていること。また東軍に寝返った大津城主の京極高次に対して、その開城説得を淀殿サイドと歩調を合わせて行っていること。そして何よりも注目すべきことに、関ヶ原合戦が西軍敗北で終わると、北政所は急にうろたえて禁中（天皇御所）へ駆け込んでいるという事実がある。戦犯として追及されることを恐れた行動であろうと解されている。

こうしたことから、北政所と淀殿との対立を関ヶ原合戦の要因としてあげるのは間違っているという見解が支配的になってきた。以上の議論は全く妥当なもので、その限りでの事実認識は首肯されるべきものである。

しかしながら、人間の織りなす心模様の複雑さ、奥深さとでも言ったらよいのか、右の認識をいま一段掘り下げてとらえなければならない事情も存在している。

次に掲げる史料は、八月二八日付で出された、「浅野左京大夫・黒田甲斐守」の両名による「筑前中納言」宛の書状である。(注17) これは、関ヶ原合戦において、小早川秀秋が何ゆえ、東軍側に寝返ったかの事情を明らかにしてくれるきわめて重要な史料である。（86・87頁に写真を掲載）

> 尚々急ぎ御忠節尤もに存じ候、以上
> 先書に申入候といへども、重て山道阿弥所より両人遣之候条、啓上致し候、貴様何方に御座候とも、このたび御忠節肝要候、二三日中に内府公、御着に候条、その以前に御分別此処候、政所様へ相つゝき御馳走申さず候では、叶はざる両人に候間、此のごとく候、早々返事示待候、委敷は口上に御意を得べく候、恐惶謹言
> 八月廿八日　　浅野左京大夫（花押）
> 　　　　　　　黒田甲斐守（花押）

筑前中納言様
人々御中

この筑前中納言とはほかならぬ、あの運命の裏切りの人・小早川秀秋にほかならない。差出人の二人は、浅野幸長・黒田長政という北政所に縁深い豊臣系の武将。北政所はもと杉原家定の妹であったが、秀吉に嫁ぐ前に浅野家の養女となっていたことから、幸長は彼女の義理の甥にあたる。黒田長政はかの黒田官兵衛の嫡子であるが、松寿丸と名乗っていた幼時より信長のもとに人質として差し出され、秀吉がこれを預かっていた。秀吉のもとには、他の武将からも同様に幼年の者が人質として送られていたのであるが、北政所は彼らの親代わりとなって面倒をみていたために、長政にとっても彼女は実母同然の親密な間柄にあった。それゆえに、北政所と縁続きという表現をとっているわけである。

そして宛所の小早川秀秋であるが、彼は北政所にとって実家の兄杉原家定の実子である（秀吉の計らいで毛利傘下の小早川家に養子で入っていた）。つまり秀秋は北政所の実の甥であり、この書状は北政所と最も近しい間柄にある人たちの間でやり取りされた書状ということである。

さてこの書状の文面であるが、これは相当に難しい。それは本物の文書ゆえの難しさと言ってよいであろう。どういうことか。それは当面の懸案課題に直接かかわっている人々のやり取りの文書には、背景的な説明が記されていないからである。話題の意味合いやニュアンス、またいくつかの前提や関係者を包み込んでいる状況性といったものについては、お互いすでにわかり合っているから、いちいち書くまでもないことだからである。「わかっているでしょう」という念押しをするだけで、伝達内容は当事者たちの間ではすでに明確なのだ。

しかし現代にいるわれわれには、彼らの間における暗黙の前提がどのようなものであるかわからない。だから難しいのである。字面そのものの難解さもあるけれど、それは辞書類を駆使すれば解決する問題である。最も難しく、かつ重要なことは彼らの間で諒解されている暗黙の前提、状況認識である。文書、史料を読解するとは、表面的な字面の解読よりも、そこで含意されている状況性の認識にほかならないのである。それを考慮しつつ、右の書状を解読してみよう。

冒頭の「尚々急ぎ御忠節尤もに存じ候、以上」というのは書状の追伸である。「尚々《なお》」という追伸文言から始まるので、「尚々書《なおがき》」とも呼ばれる。

その文意は、秀秋が早急に家康へ忠誠の態度を明確にするようにとの念押しである。これは本文中にも、「このたび御忠節肝要候、二三日中に内府公、御着に候条、その以前に御分別此処候」とあり、家康が二、三日のうちにこの美濃国に到着の予定だから、その前に旗幟を鮮明にして家康への忠誠を確固たるものにすることが重要と述べていることと一致している。

すなわち、この書状は東軍陣営の側から小早川秀秋に対して裏切り勧誘を行っている文書として、関ヶ原合戦研究の中では超一級の史料価値を有している。

私も長年、歴史の研究に携わっているし、関ヶ原合戦も重要な研究テーマとしているが、これほどに重要で劇的な性格を帯びた文書を見たことがない。一般に、この種の重要事件の帰趨や本質にかかわるような書状や証拠文書の類には、偽物が多いのが通り相場である。ところが、これは正真正銘の本物であるという心証を得る。

なぜか。それは、この文書の文字面が難しすぎて一般の人には読解不能であるからである。偽物、偽文書というものは人を欺し、高額で売りつけて金銭詐取するなどの目的を持って作成されるのであるが、しかし一般の人が読んでも何を書いてあるかわからないような偽物を作っても意味がない。偽物は一般の人にとって諒解可能の外観をもっていなければ、偽物としての役割が果たせないのである。

専門研究者にとってすら、この文書は難しい。古文書の草書体（くずし字）の問題は抜きにして、文字そのものは判読できたにしても文意が取りづらい。例えば本文第一行目の「先書に申入候といへども、重て山道阿弥所より両人遣之候条、啓上致し候」を正確に読み解ける人は、はたして何人いるだろうか。特に「山道阿弥所」とは、いったいどこのことなのであろうか。

「山道阿弥所」は文意不明の最たるものである。しかし現代人には意味不明だけれども、江戸時代人なら諒解可能で、偽物の役割を果たし得たのではという意見があるかも知れないが、これは江戸時代人にも不可である。この文章は関ヶ原合戦のときに、家康の側近くにいた人間だけにしかわからないことなのである。

「山道阿弥所」とは「山道にある阿弥所」ではない。「山岡道阿弥《やまおかどうあみ》」という人物のところ、の意である。これは人名であり、苗字を一字省略して、一字苗字で表記するのがこの時代の習いであった。それでは「山岡道阿弥」とはどういう人物か。

彼は本名を山岡景友といい、南近江の瀬田や甲賀を所領とする在地領主山岡氏の人間で、もと三井寺の僧侶となっていたが還俗して信長・秀吉に仕え、のちに再び出家して道阿弥と号した。家康にも気に入られ、会津征討そしてそれに続く関ヶ原合戦の際にはお噺衆として同行し、家康に近侍していた。

つまり、このような細部にわたる事情を知っていなければ「山道阿弥所」という表記は意味をなさないわけで、私がこの書状を本物と判定するのは、このような根拠に基づいてのことである（後述のとおり原文書の形態からも同様の判定となる）。

そうすると、この書状の冒頭の文意は「前の書状でも申し入れたことですが、いま山岡道阿弥のところからあなた（小早川秀秋）のところに使者二名を派遣するということなので、その使者に託してこの書状を送ります」ということになる。そして、それは取りも直さず「家康の意向を受けて山岡のところから、小早川秀秋に内応をすすめる説得の使者が派遣される」という意味が浮かび上がってくることになるのである。

そこでこの書状の主旨は、右の派遣される使者に託して、浅野・黒田の両名からも小早川秀秋に対してこの書状を送り、家康方への内応を決断するよう申し入れをなすのだということである。

そして裏切り勧誘の文言が記される。「あなたはどこにいようと、この度の合戦においては、家康公に忠誠をすることが重要です。二、三日の間に家康公がこの美濃の国に到着する予定なので、その前にあなたは彼に味方をするという態度を明確にしなければなりません」と。これは説明を要しない明瞭な文面である。

さてこれに続いて書状は、秀秋の裏切りの根拠なり、動機、あるいは勧誘条件へと進んでいくはずなのであるが、しかし、それはいくらこの書状を読んでも書かれていない。ただ一言、「政所様へ相つゝき御馳走申さず候では、叶はざる両人に候間、此のごとく候」と記されているばかりである。これは、はたしてどういう意味か。

直訳すると、「北政所様に縁続きであり、北政所様のために「御馳走」しなければならない我ら両人であるので、このようにあなたに対して説得工作をしているのですよ」の意である。

ここまで訳しても、なお難しい。いったい何を秀秋に対して訴えかけようとしているのだろうか。北政所にどんな「御馳走」をしようと言うのか。

実は「御馳走」というのは豪華な料理の提供という意ではなく、この時代は、文字通り「馳せめぐって奉仕する」の意である。それは辞書を見ればわかることなのであるが、しかし北政所のために奉仕することが、なぜ小早川秀秋の裏切り勧誘につながるのであろうか。ここに問題の核心が伏在している。それは語らずとも、関係者の間ではあまりに自明なことであり、常に意識されているような重要な事情なのである。

「われわれは政所様に縁続きであり、政所様のために働くことをいとわない、そのような両人であるので、あなたに対して働きかけをするのですよ」と言うだけで、秀秋に対して裏切り勧誘の趣旨が通ずるという状況とは、いったいどのようなものなのだろうか。

それは、「北政所様の置かれている現在の境遇はあまりに惨めで、見るに忍びない。この戦いで、もし三成方が勝利をおさめることになれば、政所様にとってさらに都合の悪い状況が招来するであろう。政所様に相応しい待遇を回復しようと考えるならば、家康の側に味方するのは当然である」という含意のほかに想定できるものはあるだろうか。

だが、文章にはその事情についての説明めいた表現は見当たらない。ただ「政所様のために」という言葉だけで、右に述べたような深刻な事情についての諒解が自動的に成り立つような状況が彼らの間では存在しているのであり、それがこの書状の文面に込められている。

前述したように小早川秀秋は北政所の実家・杉原家の兄の子どもで、北政所の実の甥にあたる。浅野幸長は義理の甥であり、黒田長政にとっては親同然という関係である。「われわれ（浅野・

黒田）は政所様に縁続きであり、われわれでも政所様のために犬馬の労をいとわず働いているのだから、実の甥であるあなたが政所様のために働くのは当然ではないですか」という文脈であり、そのような趣旨での働きかけということになる。

「政所様のために働く」ということは西軍を裏切って家康の側につくということである。つまりそこには、「家康に味方をして、石田とその背後にいる淀殿を追い詰めて打倒することが北政所のためになる」というロジックが働いている。

裏を返して言うと、「もしこの戦いにおいて石田・淀殿の方が勝利をおさめた場合、今でさえ見るに忍びない状態に置かれている北政所様の立場が、いっそう悲哀なものになることは火を見るより明らかである」という状況認識が彼らの間では、説明を要する必要がないほどに歴然としていたということを意味している。

これは非常に大事な点である。この書状は、なぜ小早川秀秋が裏切ったかということについての核心部分を示している。

大軍を擁する小早川秀秋が、家康方に寝返るか寝返らないかは東軍の勝利にとって決定的な問題であろう。それゆえに、このようにその内応を求める使者や書状が送られている。そこで、ここには当然にも「もし東軍に寝返るならば百万石の領地が与えられるよう、家康様に取りなしましょう」とか、「秀頼殿が成人するまでの間、あなたに関白の職をまいらせたく、われわれが責任を持って家康公にとりなしましょう」といった利益誘導に関する文言があってしかるべきだが、この書状には全くその種の利益誘導に関する話が出てこない。

つまり彼らにすれば、小早川秀秋を裏切らせるには北政所の置かれている現状を想起させるだけで十分だと信じて疑わないがゆえに、利益誘導について書こうともしない。そんなことは不要だからである。それほど、北政所の現在の境遇には厳しいものであったということになるだろう。誰の目にも歴然たるほどに。

そして現状でも厳しい上に、さらに石田・淀殿方が勝利をおさめれば、北政所の立場がいっそう悲哀なものになるという認識も共有されている。だから、それについても、くどくど説明がましい文言も見えない。何も書かれていない無言こそ、最も雄弁なメッセージということになるだろう。

以上が、私がこの書状の文面から読み取る情報的内容であるが、はたして私の理解は誤っているであろうか。別の解釈はありうるだろうか。あればぜひ聞いてみたいところだけれども、これまでのところ全く提示されていない。

反論としては、前述したように北政所が関ヶ原合戦では西軍サイドで立ち働いており、合戦後には戦犯追及を恐れてか、天皇御所に避難をしているという事実を指摘されている向きからのものので、北政所は明らかに西軍に味方して行動しているのであるから、右に述べたようなこの書状に対する私の解釈はおかしいという批判ぐらいである。

しかし右の批判は、あくまでも外面的な事実との矛盾を言うのみであって、この書状そのものの文面・文言の分析を通した批判ではない。

確かに北政所をめぐる外面的事実において、明らかに矛盾する二つの事実があることになる。一方では、淀殿が秀頼生母という地位にあって大坂城で栄耀栄華をきわめているのに比して、北政所は大坂城を追われて京の三本木の地でわび住まいを余儀なくされる境遇にある。しかし他方では、にもかかわらず関ヶ原合戦においては、大坂方面からの要請に基づいて西軍のためにかいがいしく働いていること、この二面である。

この二つの側面は一見矛盾しているようだけれど、北政所の立場では特に矛盾とは感じていないのであろう。彼女自身は現在の境遇をことさら悲哀であるとは思っていないし、大坂方面から北政所がらみの武将の世話や説得を頼まれたら、おとなしくそれに応じているということになろうか。西軍が秀頼様の御為を唱えている以上、それに奉仕するのは北政所には義務と感じていたのであろう。

しかし北政所に幼少時から世話になった豊臣家子飼いの武将たちにとって、淀殿に引き比べた北政所の現在の境遇は到底容認しえないものであり、まして家康との一戦に三成方西軍が勝利したならば、北政所の存在はいよいよもって儚《はかな》くなり果ててしまうのではないかという恐れが彼女の周囲を包み込んでいた。

この二つは矛盾していない。北政所は主観的には淀殿を恨むこともなく西軍の側で働いているが、客観情勢として見るならば、淀殿との対比状況においてきわめて悲哀な立場に追いやられているという構図は、誰の目にも明らかであったということであろう。

彼ら豊臣系武将たちは、北政所の指示や使嗾《しそう》によってではなく、北政所が置かれている状況を心底慮る同情の観点から、淀殿と結ぶ石田三成の敵対者である家康側についたというのが実情である。つまり「敵の敵は味方」という論理にほかならない。

北政所を現在の悲哀の状態から救い出すためには、淀殿一派を打倒するしかないと彼らの間で共通諒解が成り立っているような状況であったということである。このような観点から、北政所と淀殿との対立の問題をとらえるべきである。何よりも、関ヶ原合戦の帰趨を決した小早川秀秋の寝返りの根拠がここにあるという観点からも、決して逸することのできない対立軸であり矛盾因子として認識されねばならない問題である。


この秀秋宛の書状の紹介者は、明治・大正に活躍した大歴史家である徳富蘇峰である。これは、蘇峰畢生の大著『近世日本国民史』の中で関ヶ原合戦を叙述した箇所で引用されている。

このきわめて重要な文書の現物は、その所在が長らく知られていなかったので、われわれも徳

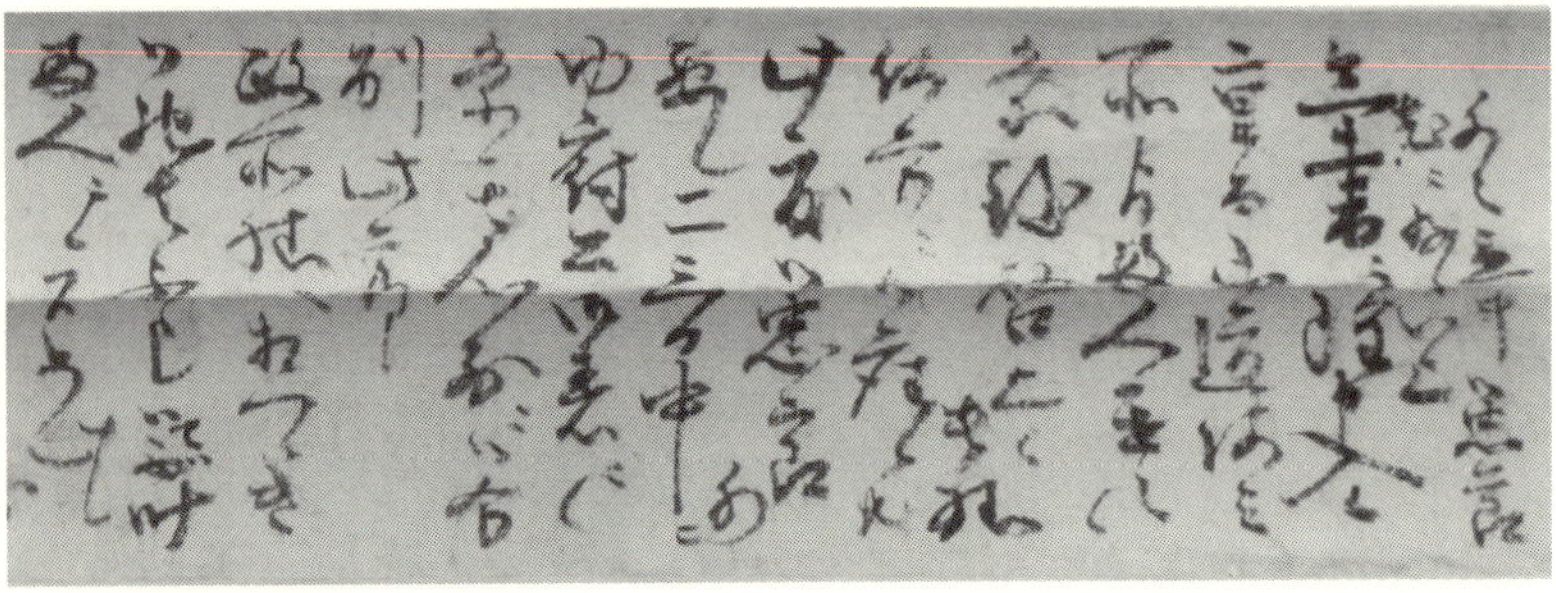

図５　浅野・黒田の小早川秀秋宛書状（所蔵：島根県立古代出雲歴史博物館）（縦8.1cm×横39.4cm）

富著の活字文面でしか見ることができなかった。私は文面から、これが真性の密書であることを確信していたが、またそれゆえにこそ、何とかその現物文書を見たいと思っていた。しかし、その行方は杳《よう》として知られなかった。ところが近年、この文書が島根県立古代出雲歴史博物館に残されていることをテレビ東京が発見し、テレビで放映された。これはテレビ東京の大手柄であった。

草書文字で書かれた同文書は、紛れもない本物であるということが確認できた。非常におもしろいことに、この文書は通常の書状に比べて縦幅が非常に狭い。おそらく使者の帯の中などに折り込んで送られたのだろう。まさに重要密書としての風貌を示す迫力のある文書である。

この文書の存在を突き止めたテレビ局はお手柄であったのだけれど、そのあとが少しいただけなかった。この重要な文書を紹介したのち、次のような感想が述べられたのである。「関ヶ原合戦のとき、ねねさん（北政所）が子飼いの豊臣武将たちに家康方につくよう勧めたという話は本当だったんですね」と。

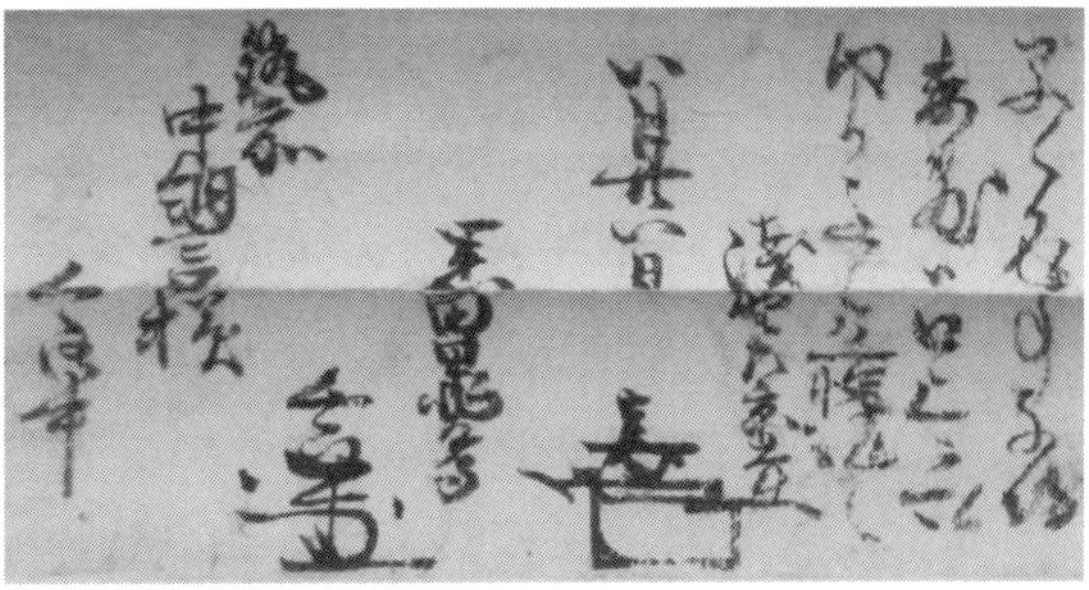

注意しなければならないが、この書状の物語ることは、豊臣子飼いの武将たちが北政所のために家康方につくべきだというスタンスをとっていることは明確であるが、北政所が彼らに家康方につくよう働きかけたことなどは、全く記されてはいないということである。

子飼いの武将たちは、北政所が置かれている不遇な状態に心を痛め、その状況改善のために家康方につくべしという意思形成を、彼らの判断で行っているというまでである。北政所はというと、彼女は自己の現在の境遇に恨みを抱くこともなく、大坂方からの要請によって言われるがまま、西軍豊臣系武将たちのためにかいがいしく働いていたということである。何がなし、北政所の人柄が偲ばれるような話ではなかろうか。

しかし忘れられてはならない。関ヶ原合戦の勝敗を決した小早川秀秋の寝返りの理由を問うたとき、その最大要因が北政所の置かれている状況そのものにあった可能性がきわめて高いこと。そして北政所の置かれている状況とは、大坂城の淀殿との対抗関係を抜きにしては理解できないであろうということである。

(2) 武人派と吏僚派との対立 ―蔚山籠城戦をめぐる対立

二つ目は、石田三成・増田長盛・長束正家・浅野長政・前田玄以のいわゆる五奉行・行政官派と、加藤清正・福島正則・浅野幸長・黒田長政・藤堂高虎といういわゆる軍人派・武功派との対立である。行政官と軍人の対立は、どこの組織、どこの世界でも起こるものだが、ことさら注目すべき点は次のことである。(注18)

秀吉晩年の文禄・慶長の役では、朝鮮半島で戦いが展開された。その慶長の役では、加藤清正が明・朝鮮連合軍五万に包囲された蔚山籠城戦という壮絶な戦いがあった。その戦いを切り抜けた加藤清正らは戦いに対して大変消極的になり、現地武将たちの間では戦線縮小論や撤退論が起こった。

ところがその戦線縮小論や撤退論に対して、石田三成方の目付・福原長堯は、秀吉の意向を受けずに現地において勝手に戦線縮小や撤退を図ることは秀吉の命令に背く行動である、と現地武将たちを糾弾した。それが秀吉の耳に入って現地武将たちへの弾圧が行われていた。加藤清正もまたその弾圧・処罰の対象の一人であった。

その最中に、秀吉は亡くなり、この蔚山籠城戦後の戦線縮小論をめぐる、現地と秀吉・中央との対立は、うやむやのかたちに終わったが、これがのちに石田三成と軍人派武将との対立というかたちで再燃化する。

本章の1節で述べた、加藤清正ら七人の武将による石田三成襲撃事件の根本原因は、文禄・慶長の役における蔚山籠城戦後の戦線縮小・撤退論に対する秀吉の弾圧政策をめぐる確執であることがわかる。それがさらにのちに持ち越され、関ヶ原合戦の重要な対立因子を構成することになるのである。

(3) 国家統治策をめぐる対立

二つ目と非常に似たかたちだが、原理的に少し違う構図が三つ目として存在する。

それは豊臣政権の全国統治策をめぐる対立で、中央集権派と地方分権派という、政治体制・国家体制をめぐるものである。(注19) 豊臣政権は中央集権の性格の強い権力体系で、諸大名の領地に対しては太閤検地という、実際に検地奉行が入り込むかたちで土地の測量をし、大名領地を隅々までくまなく検査する。(注20) 同時に、秀吉の直轄領・太閤蔵入地をそこに設定する。

つまり太閤検地によって大名の石高が五〇万石と認定されたとすると、五〇万石の中に秀吉の直轄領一万石ほどが設定される。大名側は、たまったものではない。自分の領内のいちばん大事なところに秀吉の直轄領が置かれ、そこから領内を四六時中監視・管理されることになるので、大名領支配の軛がそこに設けられたような状態である。

また、秀吉は大名家の家臣内部に対して、内政干渉・内部干渉をした。秀吉は一本釣りが得意な人間で、各大名の家臣団の中の重要人物のうち、これはと思う人物と直接交渉をする。大名の頭越しにその重要人物を手なづけて、彼を通じて秀吉の施策を大名領内に浸透させるやり方をする。（注21）

代表例が島津家の重臣・伊集院忠棟のケースである。彼は文化人でもあったため、秀吉は大変気に入っており、秀吉はこの伊集院と直接話をつけて島津家の世論、動向を秀吉の意向に従わせるという内部操作をしていた。当然島津側は大変苛立ち、怒るが、相手が秀吉なので我慢せざるを得ない。しかし憤懣はたまって、怒り心頭である。それがどれくらいかということは次のことからわかる。

慶長三年八月一八日に秀吉が伏見で亡くなる。秀吉が亡くなったと知られるや否や、島津家当主の島津家久は伊集院忠棟を誅殺した。秀吉が死ぬや否や待っていましたとばかりに伊集院忠棟を誅殺するところから、どれくらい腹にすえかねていたかが推し量られる。

もっと悲劇的なのは龍造寺氏と鍋島の関係である。肥前の国主は代々龍造寺家だが、龍造寺家の当主が病弱だったため、その重臣である鍋島直茂が、龍造寺家臣団を率いて秀吉に忠勤するという構図になっていた。朝鮮出兵もやはり、鍋島直茂が龍造寺家臣団を率いて出兵をしている。こうしている間に龍造寺家の当主が病没するなどして、いつのまにか鍋島が佐賀の国主になりかわってしまった。つまり、大名当主の立場が龍造寺から鍋島に移行してしまったのである。

これは、国家体制をめぐる体制選択型の違いからくるものである。家康は、地方分権派の頭目と考えられているのに対し、石田三成は秀吉の衣鉢をつぐ中央集権型を代表する人物とされる。

家康が地方分権派の代表というのは、例えば家康の領地に対しては、太閤検地も太閤蔵入地もない。家康の領内は不介入であり、太閤検地の基準に従う石高は提出するものの、あくまでも家康の家臣の手で検地丈量がなされる。石田三成や五奉行が乗り込んでくるようなことはしない。

それからもう一つ大事な点は、秀吉の死後で関ヶ原合戦前、まだ家康が五大老の立場にいたときに、朝鮮の役の最末期に島津が大きな手柄を立てる。泗川《サチョン》の戦いと呼ばれているもので、島津はわずか八千の手兵で攻め来る四万を越える明・朝鮮連合軍を撃破して絶大な戦果を上げた。それに対する褒賞として、家康以下五大老は島津領内にあった太閤蔵入地をすべて島津に与える施策をとっている。

このような点での石田三成と徳川家康の対立は、いわば中央集権型国家体制と地方分権型の国家体制との体制選択をめぐる対立で、したがって関ヶ原合戦はそういう要素を持った戦いであると見ることができる。(注22) ちょうど今日の総選挙で体制選択をするようなことが、戦いの中において重要な因子として存在しているのである。

この点は関ヶ原合戦が終わったあとの国家体制を見れば一目瞭然であり、関ヶ原合戦のあと、日本全国の領地が総入れ替えとなり、家康の差配のもとに全国的な領地配分がなされる。特に戦功のあった武将に対しては播磨国や筑前国といった一国単位で領地を与え、国持《くにもち》大名として取り立てていくが、その大名領地の中には家康の直轄領も天領も存在しない。天領は必ず大名領の外に設置するというかたちがとられた。秀吉のように大名領内に天下人の直轄地を埋め込むようなやり方は、徳川幕府はとらない。

また、大名家中の家臣団に対して一本釣りをするようなこともしない。例えば知行高五〇万石を与えるとする。秀吉の場合はその際に発給する領知状の中に有力家臣たちの名前を書き上げて、これこれの人間にはそのうちから何万石、何千石などを給付、と指定していく。

しかし、家康以降の徳川幕府の体制では、領地の給付に際しては、原則として大名に一括五〇万石を与える。あとは大名の心次第で配分すればよろしい、という具合に大名領内に対する不介入主義が方針としてかなりはっきりしている。この関ヶ原合戦を境に、豊臣の中央集権型から徳川の地方分権型に転換したと言いうるであろう。

(4) 豊臣公儀体制内の後継者をめぐる対立

四つ目の対立軸は、秀吉亡きあとの権力闘争である。ここでは五大老・五奉行という有力者たちのうち、誰が次の政治の主導権を握るかという問題であるが、あくまでも幼い当主・秀頼を戴くことを前提としている。

衆目の一致するところは、当然にも、秀吉政権のもとでナンバー2としての地位を保ってきた徳川家康の存在であったろう。しかし豊臣系大名中の重鎮にして、家康と並ぶ実力者であった前田利家もまだ存命であった。また、家康が力をつければつけるほど、アンチ家康勢力の結束も強まっていくことであろう。それらがどのように展開していくかは予断を許さない問題であった。

さらに家康をめぐる政治力学を考える上で避けることのできないのが、ほかならぬ幼主秀頼の存在であった。というのは、家康の存在をめぐって親家康と反家康との勢力図を見るとき、伊達政宗などを別にして毛利・上杉・宇喜多・佐竹などといった旧族系外様大名（戦国大名以来の系譜をもつ外様大名）はおしなべて反家康的な色合いが見られた。

これに対して親家康の勢力はというと、これが意外なことに豊臣系武将が数多く見られた。加藤清正はその筆頭と目され、福島正則、黒田長政、浅野幸長、藤堂高虎、細川忠興といった面々があげられる。彼らは、秀吉政権のもとで生起した諸事件—秀次事件、文禄・慶長の役など—において吏僚派の石田三成らと激しく対立していたことから、彼ら武人派の面々をかばい立ててくれた武人カリスマとしての家康に帰服するところがあった。

それゆえに、三成派が家康の暗殺や討伐を企てていると見たときには、彼らは家康の伏見屋敷に軍勢を率いて参集し、家康を警固したものであった。

しかし同時に忘れられてならないことは、彼ら豊臣系武将たちは豊臣秀頼をなおざりにして家康に帰服しているわけのものではないということである。家康が、あくまでも豊臣公儀の体制を支え、幼主秀頼を主君として守り立てるという態度を持するという前提においてであるということである。

この点が次の第五の対立軸と根本的に異なるところであり、それは彼ら親家康の豊臣系武将たちの向背を決する枢要の問題であった。

(5) 天下支配の覇権をめぐる豊臣家と徳川家の対立

五つ目の対立軸は、豊臣家と徳川家との覇権抗争。これは通説そのものであり言うまでもないことのように見えるが、ここまで述べ来たったところと合わせて考えると、この当たり前の対立軸はもう一段、掘り下げてとらえなければならないことに気づくはずである。それは、関ヶ原合戦には豊臣政権それ自体の内部分裂という要素が強い上に、特に第四の対立軸との関係において、この第五の対立軸の意義を位置づけなければならないということである。第五の対立軸は、第四のものと非常に似ているが根本的に異なっている。

第四のものは、これまでの枠組みである豊臣公儀体制の中で、秀吉の忘れ形見・秀頼を主君として戴いた上で、誰が実質的に権力を掌握するかという意味での権力闘争だが、五つ目は豊臣か徳川かという天下の主宰者そのものをめぐる闘争となる。

そしてこの第四と第五との違いに着目するとき、豊臣系武将の動きがいちばん重要な要素となって立ち現れてくる。第四の対立軸のところで述べたように、豊臣系武将である加藤清正・福島正則・浅野幸長らは武将のリーダーとしての家康に対して大変に親近感を持っている。自分たちの親分という気持ちで家康になびいている。そのため、家康と石田三成が敵対すれば、家康を擁護するというスタンスを示して行動し、家康に対する親近を示していた。

したがって第四の立場で家康が主導権を握ろうとする限り、彼らが家康のもとに参集し、結集し、協力するというのは疑いがない。しかし同時に彼らは豊臣恩顧の武将であり、幼主秀頼に対する忠誠心は篤い。第五の対立が発生したとき、彼らが豊臣家を見限って家康側につくかどうかは疑問である。加藤清正がつかないことは明白であり、清正がそのような行動を取り続ける限り福島正則や浅野幸長もつかないであろう。そしてこの三者が毅然たる態度を持する限り、その他の豊臣系武将たちの多くもそれに同調することになるであろう。

とすれば関ヶ原合戦なるものが、第四と第五とのいったいどちらの観点で戦われているのかが、彼ら武将の間では大きな問題となってくる。はたして関ヶ原合戦の本質はどちらなのか。これは非常に興味深い設問なのであるが、その本質については、戦っている武将たち当事者ですらわかっていないところがある。わからないままに、流れと勢いで激突していったという要素が多分にある。

このような複雑さと逆説、事前の想定を次々に覆していく不可測性といったものが関ヶ原合戦には随所に見られ、この名状しがたい混沌《カオス》こそ同合戦の尽きせぬ魅力をなしているのだろう。

関ヶ原合戦を考察するにあたっては、右に列記した五つの対立軸の展開を分析しなければならない。同合戦において前述したような想定外の事態が次々に起きる大きな原因は、このような複雑な対立軸が入れ替わりつつ表に出てくることによる状況のめまぐるしい変化にあると言えよう。換言すれば、これら五つの対立軸の複雑な絡み合いが、まさに関ヶ原合戦を構成していると言えるのである。

整理すると、一方は淀殿派―吏僚派―中央集権派―反家康派―豊臣政権支持派ときれいにつながるが、軍事的に弱い。反対側は、北政所派―武功派―地方分権派である。ここまでは紛れもない。だが、四つ目の立場での親家康とアンチ家康、さらに五つ目の立場での豊臣家か徳川家か、その選択の際どちらを選ぶのかは判然としない。そのような不確実的要素を含みながら関ヶ原合戦は展開していくこととなる。

3節　関ヶ原合戦の軍事的展開

1　会津征討

関ヶ原合戦の本戦は、慶長五（一六〇〇）年九月一五日に美濃国関ヶ原の地で行われたが、その発端は会津一二〇万石を領した上杉景勝を討伐する会津征討にあった。

上杉景勝は豊臣公儀体制のもとで五大老の一人としてあったが、秀吉の死とともに会津に戻り、城郭を修復して防備を固めていた。これに対して、上杉謀反の企てとする噂や情報が家康のもとに寄せられ、家康は景勝に対して上洛して弁明するよう使者をもって申し入れたが、上杉側では家康の要求を、上杉を屈服させるための手立てと受け止め、これに対して景勝の家臣直江兼続が「直江状」と呼ばれる長文の弁駁の書状を家康側に送りつけて挑戦の意思を明らかにした。

慶長五（一六〇〇）年六月一六日、家康は総大将となり遠征軍を率いて大坂を発し、東海道を会津に向けて進んだ。関ヶ原合戦を考察する上でまず問題となるのが、この家康の率いている軍隊の構成である。

表３　会津征討に参加した武将

1．東下した徳川譜代武将		2．従軍を請いて東下した豊臣系武将		3．命令されて東下した豊臣系武将		
徳川秀忠	戸田一西	浅野幸長	中村又蔵（元勝）	秋山光匡	佐久馬（間）勝之	富田信高（知信）
青山忠成	戸田氏鐵	有馬則頼	野尻彦太郎	天野景俊	（安政の弟）	中村一榮
青山忠俊	（一西の子）	池田知正	長谷川重成	荒尾平左衛門	佐久間政實	（一氏の弟）
（忠成の子）	内藤信成	池田長吉	蜂須賀豊雄（至鎮）	有馬豊氏	佐久馬（間）安政	中村一忠
赤井忠泰	平岩親吉	（輝政の弟）	（家政の子）	（則頼の子）	佐々行政	（一氏の子）
阿部正次	本多忠勝	池田彌左衛門	平野長元	池田輝政	佐々長成	能勢宗左衛門
阿部正吉	本多忠政	（知正の子）	（長泰の弟）	石河貞政	佐藤堅忠	野間久右衛門
天野康景	（忠勝の子）	生駒一正	舟越景直	石川康長	▲真田幸村（信繁）	一柳直盛
（正次の弟）	本多忠朝	（親正の子）	古田重勝	伊丹意頓	（昌幸の子）	福島正則
井伊直政	（忠勝の子）	織田長孝	古田重治	市橋長勝	真田信幸	福島正之
石川康通	本多康重	（有楽の子）	（重勝の弟）	稲葉道通	（昌幸の子）	（正則の継子）
大久保忠常	本多正信	織田有楽	長岡（細川）忠興	宇喜多正親	▲真田昌幸	福島正頼
（忠隣の子）	本多正純	加藤嘉明	長岡（細川）光千代	（秀家の臣,	志水小八郎	（正則の弟）
大久保忠佐	（正信の子）	金森可重	（後の忠利）	後の坂崎直盛）	神保相茂	別所治直
（忠隣の叔父）	本多康俊	（長近の子）	長岡（細川）輿一郎	大島光義	施薬院	堀田権八
大須賀忠政	松平家乗	金森長近	（後の忠隆）	岡田助左衛門	田中長顕	堀田重氏
小笠原秀政	松平家清	京極高知	松倉重政	岡田善同	（吉政の子）	堀尾忠氏
奥平信昌	水野清忠	黒田長政	溝口源太郎	落合新八	田中吉政	（吉晴の子）
奥平家昌		仙石少弐（秀久）	三好慶清	兼松正吉	柘植正俊	本多正武？
（信昌の子）	その他近侍	寺沢広高	三好為三	河村助右衛門	津田信成	山内一豊
高力忠房	の士等	藤堂高吉	村越兵庫頭	九鬼守隆	津田正秀	山岡修理亮（景宗）
酒井家次		（高虎の猶子）	森宗兵衛（可政）	（嘉隆の子）	（信成の子）	山岡道阿彌（景友）
酒井忠世		藤堂高虎	山名禅高（豊国）	桑山元晴	筒井定次	山城秀宗？
榊原康政		戸川逵安		（一晴の叔父）	徳永寿昌	分部光嘉
菅沼忠政		（宇喜多秀家の臣）		小出秀家	徳永昌重	
鈴木重愛		中川忠勝		（吉政の弟）	（寿昌の子）	

▲三成挙兵の報に従軍を中止した武将　　（旧陸軍参謀本部戦史課編『日本戦史・関原役』の記述より作成）

もとより家康の配下には、彼とともに上方にあった井伊直政・本多忠勝・榊原康政・酒井家次ら徳川将士三千人余があることは言うまでもないが、それとともに数多くの豊臣系武将たちが随従した。そして注意されねばならないのは、この豊臣系武将たちは二つの類型に大別されるということである。

第一のタイプは、義務的動員によって家康と行動をともにしている一連の武将たちである。すなわち会津追討は徳川家康と上杉景勝との私戦ではなく、謀反人討伐を目的として豊臣公儀の名のもとに行われる公戦であり、家康は豊臣秀頼の名代として進軍するのであるから、所定の武将たちは義務として動員され、これに従わねばならないのである。

そしてこれは当時の兵力動員の原則であるが、

戦争に際しては敵に近接するところに所領を有する者から順に出陣の義務を負う。この義務的動員の原則によって、家康の部隊が進軍する東海道沿いに領地を有する武将たち、福島正則（尾張清洲）、田中吉政（三河岡崎）、池田輝政（三河吉田）、堀尾忠氏（遠江浜松）、山内一豊（遠江掛川）、中村一忠（駿河府中）らが家康に従軍することとなる。

ところが家康の部隊にはこれらとは性格を異にする一群の豊臣系武将が従軍している。黒田長政（豊前中津）、寺沢広高（肥前唐津）、加藤嘉明（伊予正木、のちの松山）、藤堂高虎（伊予板島、のちの宇和島）、生駒一正（讃岐高松）、蜂須賀至鎮《よししげ》（阿波徳島）たちである。この第二のタイプの武将たちは、領地が九州や四国にあって、今回の会津遠征には従軍の義務を負わないにもかかわらず家康と行動をともにしている。これは取りもなおさず、家康が大坂を離れるならば必ず生じるであろう大乱に際して、家康側に与することをあらかじめ表明した行為であった。

したがって、のちの小山の評定においてその向背帰趨が問題となったのは、第一のタイプである義務的従軍の原則に基づいて動員されてきた豊臣系武将たちであった。

この点をことさらに強調するのは、従来ともすれば上記の二つのグループを弁別することなく、家康の会津征討に従軍した豊臣系武将はいずれも将来に生起するであろう、天下を二分する戦いに際して家康方につくことを目的としていたと解されることも少なくなかったからである。

もしそうであるならば、上方における三成らの挙兵に対して、従軍諸将の態度決定を迫ることとなった小山の評定の意味は見いだせなくなってしまうし、その後、江戸に長くとどまって、彼ら豊臣系武将との共同行動をためらっていた家康の行動の意味を充分には理解し得なくなってしまうからである。

2 石田三成の挙兵と小山評定 ―西軍挙兵の二段階

(1) 三成挙兵と豊臣家三奉行との関係

七月一〇日頃、すでに三成らが挙兵しているという噂があった。越前敦賀の大谷吉継が、会津征討のため家康に従軍するつもりで中山道の奥まで出てきたとき、佐和山にいた石田三成から城に呼ばれた。大谷が佐和山城に行くと、石田三成は家康を討つ決意を明らかにする。それに対して大谷は「無謀なことであるからやめるべきだ」と再三にわたって諭したというやり取りは、大河ドラマなどでもおなじみのシーンであるが、これは当時の史料と照らし合わせてみても事実であると判断できる。

大谷吉継はおそらく一度二度と三成をたしなめ、家康討伐を拒否したであろうが、にもかかわらず三成の再三の誘いで繰り返し佐和山に行っている。そこでついに大谷は三成に協力することを約束するという流れであろう。大谷が繰り返し佐和山へ赴くので、そのことが周りの人々に知れ渡り、「すわ、謀反か」とその噂は京まで流れるほどであった。

それから二日後の七月一二日に大坂の三奉行の一人、増田長盛が永井直勝に宛てた書状(注23)がある。永井直勝は家康の親衛隊長である。永井直勝に宛てたということは、とりもなおさず家康に対して報告していることにほかならない。

それには「この度、中山道の垂井宿において大谷吉継が病気を患ったという理由で、そこに二日ほど滞留している。どうやら石田三成と共謀して挙兵をするようだ、という噂が流れている。さらに追々詳しい情報をお伝えするであろう」と書いてあった。

この増田長盛の行動はかなり奇妙である。なぜなら増田長盛はのちの関ヶ原合戦において西軍を代表する重要な武将となり、あとで家康を糾弾する「内府ちがひの状々」という宣戦布告文に名を連ねることになるからである。その増田長盛が家康に石田三成の謀反計画を告げることは、昔から大いに疑問とされていた。二股をかけているのか、あるいは撹乱工作なのか。

私が二〇年前『関ヶ原合戦』を書いたときも、これについて明確な答えを出せず、あるいは撹乱工作の一つかというかたちでペンディングにとどめたが、今この手紙の出された理由は十分に解明された。そしてこの種の手紙は、増田のこの一通にとどまらないことがわかってきた。

それが七月二七日付で榊原康政から秋田実季に宛てた手紙の文面からわかる。(注24)榊原康政は家康の四天王の一人であり、秋田実季は秋田の領主で、家康の命令に従って会津の上杉に対する包囲網の一角を担っている。その秋田実季に対して榊原康政が情勢報告をしている手紙だが、その中に重要な言及がなされている。

「しからば、上方において石田三成や大谷吉継たちが別心（石田三成や大谷吉継たちが家康に対して謀反騒ぎをしている）」「大坂より御袋様并三人之奉行衆…（淀殿と増田長盛、長束正家、前田玄以という大坂の三人の奉行衆などから家康に対して次のような手紙が来ている）」（もう一人の「北国羽肥州」は加賀の前田利長だが、今は省略する）。「早々内府上洛いたされ尤の由申来り候間（早く家康に戻ってきてほしい。そして謀反を企てる両人を…）」、つまり早く家康に戻ってきてほしいという要請があった。

榊原康政は「その要請を受けた家康公は謀反を企てる両人を成敗するために、上方からこの地まで下ってきた豊臣系の武将たちを同道して、ただちに反転して上洛するつもりである」と秋田実季に情勢を報知した。つまり、反転して上洛するため、上杉討伐を一時中止するということを、上杉包囲網の一郭を担っている秋田実季に伝えることを目的とした手紙である。

そしてその中に、家康たちが反転上洛をしたのは、淀殿や三人の奉行衆からの要請により三成らの謀反を鎮定するためであることが明記されているので、淀殿や三人の奉行衆のスタンスは三成側でなく家康側であるとわかる。

つまりこの段階では三人の奉行衆も淀殿も三成の謀反企てにはかかわっていない。この段階における謀反行為は三成・大谷刑部、そしてそのごく身近な人間の間だけで行われているため、いわば埒外にある淀殿や三人の奉行衆が、この予期せぬ不穏な情勢におろおろとしている様子がうかがえる。

彼らの要請は「家康に早く戻ってきてほしい。この不穏な情勢を鎮定してくれ」ということであり、家康はこれらの要請を根拠として、三成を討伐するために上洛をしていったという流れが見えてくる。

(2) 急変する豊臣家・三奉行の態度

ところが、三成の謀反騒ぎが七月一〇日頃だとすると、それから一週間後の七月一七日、上方において「内府ちがひの条々」という文書が発表される。「内府ちがひの条々」(注25)とは、家康の非を一三箇条に書き並べて、「謀反人家康を討伐せよ」と豊臣公儀の名前をもって家康を糾弾しようとする文書で、前田玄以・増田長盛・長束正家の豊臣三奉行が連名で全国の諸大名に対して発している。秀頼様への忠節を唱え、豊臣公儀の名前による謀反人家康討伐という立場を鮮明にするものであった。

つまり、この一週間で情勢は劇的に変わった。七月一〇日からここまでの段階では、淀殿も豊臣奉行衆らも三成の挙兵行動の埒外にあったが、三成らが彼らに対して猛烈に説得と勧誘の工作をした結果、三奉行は腹をくくって、三成方の挙兵に荷担し、お墨付きを与えた。それが七月一七日の「内府ちがひの条々」である。

このように上方における反家康闘争が二段階に分かれていたという認識は、旧来のイメージである、三成が率いる西軍が一気にまとまって対抗した、というものとは異なる。

七月一〇日からの第一段階では、家康と三成のいわば私的な戦いであったが、その一週間の間に、三成は大坂に対し猛烈に説得工作をしかけて豊臣奉行衆と淀殿を抱き込み、彼らの名前をもって家康討伐を天下に唱えることで、自己の挙兵を豊臣公儀の名をもってする公戦というかたちに構成することに成功した。おそらくは三奉行とも親しい大谷吉継の働きであろう。

つまり豊臣公儀の名前をもって、謀反人家康を討伐するという構図へ戦いを再構築した。家康には豊臣公儀に対する反逆者という烙印が押されたのである。これが七月一七日の第二段階となる。

3　家康の江戸城滞留と出陣　――小山の評定ではどの段階まで知っていたか

会津に向かっていた家康のもとには、上方における不穏な情勢を伝える使者が相次いで到着していた。そこで七月二五日、家康は下野国小山の地に従軍の諸将を集めて、上方の情勢について説明し、その上で家康に従うか、それとも上方に向かって三成方につくか、その向背を問う会議を催した。世に「小山《おやま》の評定《ひょうじょう》」と呼ばれる、関ヶ原合戦のターニングポイントとなる重要な出来事であった。

この会議の前日の晩、家康の意向を受けた黒田長政は、豊臣武将たちのリーダー格である福島正則を説得して、翌日の会議では家康方につくという態度を表明してもらいたい旨を申し入れたということである。(注25) 正則が旗幟を鮮明にすれば、残りの豊臣武将はその方向になびくであろうことが期待されたからである。

正則は、「三成を討つことについては異存はない。ただしその勢いで豊臣家そのものまで覆滅してしまう恐れはないのか」と懸念を口にしたのであるが、長政が「内府（家康）にそのような野心はない。これはあくまでも三成討伐の行動であり、自分がこれを保証する」と確言したので正則も納得したとされている。

そして翌日の評定においては福島正則が率先して発言し、「秀頼公へ御疎意なくば」、すなわち秀頼に対して敵対的態度をとることがないのであれば、家康に味方して三成を討つ存念であると発言したことから、自余の豊臣武将たちも全員これに同意である旨を誓約した。

そして彼らはさらに、会津征討を一時中止して三成討伐を優先すべきであることについても意思一致し、反転して東海道を相次いで西へと向かって行った。家康は、会津の上杉勢に対する防御の手当を終えたならば、ただちに彼らのあとを追って西上するであろうことを約した。その集結地点は、彼ら東軍の最前線基地になる福島正則の居城、尾張国清洲城とされた。

これが七月二五日に催された小山の評定の次第であるのだが、このとき彼らが前提とした上方の情勢認識は、先述した第一段階のものか、第二段階まで含めてのものかということがここで問題となってくる。結論としては、第一段階しか前提としていなかったということである。すなわち、小山の評定から四日後の七月二九日になってその答えが出る。

家康が同日付で黒田長政や田中吉政に宛てた手紙には「大坂奉行衆別心の由申来り候間、重て相談せしむべしと存候処、御上り故其儀なく候（大坂奉行衆が自分に謀反をした。もう一度会議を開きたいが、すでに東海道を西へ進んでしまったので、それはできない。あなた方からよろしく言ってくれ）」と記してある。(注26)

この七月二九日を境に家康の手紙の中に「大坂奉行衆別心」という言葉がいろんなところに使われるようになった。つまり、二九日に至って初めて第二段階の情報が伝わったということである。

そして第二段階の状況を知ったとき、家康も豊臣武将たちもみな愕然とすることになる。大坂の豊臣三奉行、そしてその背後にある淀殿は三成とは一線を画しており、むしろ家康を支持してくれる存在であると認識されており、実際、家康に対して早く上方に戻って三成たちの不穏な行動を鎮定してほしいという旨の書状を家康に送っていたほどなのであるから。それによって家康の存在の正当性も保証されていた。そしてそのような情勢認識を前提にして、小山の評定の議論はなされ、全員が家康を支持し、その軍事統率に服従するという誓約をなした。

ところが今やその前提そのものが覆ってしまった。豊臣公儀を代表する大坂の三奉行およびその奥にいる淀殿が三成の側につき、家康を謀反人として討伐の対象とする旨を宣告するに至ったという次第である。

家康は「重て相談せしむべしと存候処」と、再度の協議の場を持ちたいと思うが、武将たちはみな東海道を西へ向かってしまって会議が開けないと、困惑の情を述べている。

こうして、今やあの家康に服従するとした小山の誓約は有効なのか、それとも無効破棄となってしまったのか、いったいどちらになるのだろうか。一方では、議論の前提が覆ってしまった以上は無効だという考えがある。しかし他方では、前提がどうなろうが武士はひとたび言葉にした以上は、死んでもこれを守り抜くという考えもある。いったい、どちらの考えをとるべきなのであろうか。

このような情勢の中に置かれた者たちはみな疑心暗鬼になるだろう。いま東海道を反転して陸続として西へ進行している武将たちの心理を考えてみよう。

それぞれの武将たちは、自分の部隊の前を行く武将について、「あいつはどう考えているだろうか」と思いをめぐらす。しかし、より怖いのは後ろから来る武将の軍勢であって、それがいきなり自分の部隊に攻めかかってきたらどう対処すればよいのか、進行している武将たちはみな気が気ではない状態にあったことだろう。

ここにおもしろいエピソードがある。このとき東海道を反転して西へ進んでいた藤堂高虎が前を行く細川忠興に宛てた手紙(注27)が残っており、それには「あなたは今、岡崎城に入って、そこで宿営をしようとしているようだが、岡崎城主の田中吉政の動きが不穏である。よくよくご注意されよ」という忠告がある。そこで、細川忠興は岡崎城ではなく、その手前の御油《ごゆ》の地で野宿をした。結果的に田中吉政は関ヶ原合戦で東軍として充分に戦い、さらに落ち延びた石田三成を捕縛するという功績まであったのだから、疑う必要はなかったのだけれども、それは結果論である。今、この時点で見たときには豊臣武将たちの間で疑心暗鬼がうずまいていた状況を示すエピソードである。

［補論］

山内一豊の献策の持つ意義

小山の評定では山内一豊が、自己の居城である掛川城を家康に進呈し、自由に使用してもらいたい旨の忠誠の態度を表明したことから、居並ぶ諸将で東海道筋に領地を有する者は、みな一豊にならって自己の居城を家康に進呈することを申し出た。これによって、家康は東海道筋の諸城を接収して、徳川の将士をこれらに送り込む。

これによって家康と徳川軍の軍事的展開は迅速にして容易となったのである。殊に、前述したようにこの直後に、小山の誓約の有効性に大きな疑問符がつき、家康に同盟を表明した豊臣系武将たちそれぞれの向背が読み切れなくなったという事態を迎えたとき、一豊の献策の意義は一段と高まることとなる。もし一豊の献策がなかったなら、家康は小山の誓約が崩れてしまったことから、家康に対して敵対的態度に出る恐れのある豊臣系諸将たちの領地を通って石田三成との決戦に向かわねばならなくなるという状況に陥っていたかもしれないからである。

そして、そのような行軍は不可であり、家康の関ヶ原合戦は生起しなかったことであろう。そのことを考え合わせるならば、山内一豊の献策がいかに重大な意義を有していたかを諒解しうるであろう。関ヶ原合戦では南宮山方面の配備であったために鉄砲一つ放つことのなかった一豊が、なみいる武将たちをおさえて土佐一国という大封を宛行《あてが》われたという事実は、このような事情を踏まえなければ到底理解できないことであろう。

(1) 家康の江戸滞留

家康は八月初めに江戸城に戻る。しかし彼の江戸出陣は九月一日である。一か月の間隔がある。なぜ家康は江戸にとどまって動かなかったのか。上方方面では三成派の軍事展開が活発で、次々と拠点を固めている。時間が経てば経つほど西軍の勢いは増してくる。

それなのになぜ家康は動かないのか。この空白の一か月を説明するのに、家康は味方を募るべく諸方に手紙を書いていたということがよく言われる。確かにこの時期、家康から全国の諸大名たちに発した書状の数が百を越える多数のものであることは事実である。

しかしそれらの書状のうち家康の自筆書状はごくわずかであり、そのほとんどが右筆《ゆうひつ》という秘書がしたためたものであり、家康は差出人である自分の名前の下に花押《かおう》と呼ばれる形象化されたサインを入れるだけのことである。そんなものは、旅の宿所でもできるし、行軍の馬上でも駕籠の中ででもできる話である。

それゆえに、書状を書いていたから江戸に一か月の間とどまったというのは、実は説明として適切ではない。むしろ江戸に一か月の間とどまっていて、他になすことがないので手紙を書いて勧誘活動をしていたというのが実情であろう。

なぜ家康は江戸にとどまって動かなかったのか。それは前述した、小山の評定の議論前提が崩壊したことに伴う情況の混迷にあったと見るほかはないであろう。行けるはずがない。このような状況下で家康が、同盟の豊臣武将たちが集結した尾張清洲城に行ったとする。しかしそのとき、「たしかに小山の評定では味方すると約束したが、前提条件が変わったので約束はもはや無効だ」と言って攻撃されたら、ひとたまりもない。そんな危険なところに誰が行けるだろうか。

このような状況のもと、家康の立場からしたとき、どのような作戦行動が考えられるであろうか。まず家康自身は下手に動かないのが賢明である。行動部隊としては、嫡子徳川秀忠が率いている三万の徳川軍がある。これは徳川精鋭の主力軍である。これを上方方面に差し向けて、同盟を約している豊臣武将たちの部隊と共同行動をとらせる。

万一、その豊臣武将たちが小山評定の前提崩壊を理由に裏切った場合には、秀忠の部隊は大きなダメージを蒙ることになるであろうが、江戸にある家康の本隊は無傷であるから決定的な敗北になることはない。他面、豊臣武将たちが小山評定の誓約通りに家康に味方するという態度を持していた場合には、秀忠率いる徳川主力三万との合同作戦で、三成方西軍を葬り去ることは充分に可能であろう。つまりこれは、勝ちも取れて、負けをなくすことのできる最適戦略ということになる。

ゆえに、家康は江戸にとどまり、秀忠率いる徳川三万の軍勢を中山道を西上させることとなったのである。ここまでは家康のねらいどおりに事は進んでいるはずであった。ところがここに意想外の要因が頭をもたげてくる。清洲城の福島正則である。

多くの豊臣武将は東海道を反転して清洲城に集結し、家康の到着を待つこととなった。しかし彼らの間では疑心暗鬼がうずまいており、小山評定の議論前提が覆ってしまい、豊臣公儀の正当性は三成方の西軍に付与されて、家康は「内府ちがひの条々」によって謀反人の扱いとなってしまった。このような事態をうけて、小山評定において家康に味方するとした誓約は無効になってしまったのか、それとも依然として有効なのか。根本的な疑問であるけれども、誰も明確に答えられる者はいなかった。

三成の挙兵のような事態の発生することを予想して、思惑つきで家康の会津征討に従軍した豊臣系武将が少なからず見られたということを先に述べた。しかしこのような思惑つきで従軍していた彼らであっても、今現実に展開しているような事態―淀殿や大坂の豊臣三奉行たちが、ここまで三成方の勢力に深入りして家康討伐を全国に号令するといった―はたぶん想定外であったことであろう。

つまり清洲城に集結している豊臣武将たちは、このような混迷状況に翻弄され、自己の去就に迷っていたことであろう。自分はこのまま清洲城にとどまるべきであるのか否か。周囲の者たちが、不測の行動に出るやも知れず、それにどのように備えておくべきなのであろうか。このような事態の流れの中で家康は本当に来るだろうか、自分たちは置き去りにされてしまうのではないだろうか等々。疑惑と猜疑はどこまでも深まっていかざるを得なかった。

(2) 福島正則の存在性

そのような中で、一人際立った存在性を示し続ける者がいた。福島正則である。他の武将たちがこの混迷状況の行方と自己の去就をめぐって思い悩んでいる中にあって、ただ一人ゆらぐことなく戦闘姿勢を持していた。

これが加藤清正であったならば、もう少し思慮深く複雑な思考をするところであっただろうが、幸か不幸か福島正則であったので、きわめて明快単純でゆらぎのない姿勢で一貫している。他の連中はかなり疑心暗鬼なのに、正則はゆるがない。

特に正則は小山評定で先頭を切って家康に味方すると態度表明した手前、引っ込みがつかなくなっているという事情もあった。「評定の前提が覆ったとかどうとかだが、そんなことはどうでもいい。おれは家康に味方をすると言った。それだけだ、二言はない」と。そして、「家康はなぜ来ない。おれたちを信用していないのか」となって清洲城はきわめて険悪な空気に包まれる。「おれたちを捨て石にするつもりか」と声を荒げて難詰するので、家康に代わって清洲城へやってきていた本多忠勝と井伊直政の両名は、家康に「とにかく来ていただきたい。おさまりがつかない状態になっている」と催促してくる。

しかし家康にとって清洲行きが危険な選択であることに変わりない。そこで家康は側近の村越茂助を清洲に派遣して、使者口上のかたちであえて挑発の言を述べさせ、豊臣武将たちの反応を見ることとした。口上に曰く、「おのおの方手出しなく候ゆへ御出馬なく候、手出しあるならば何時にても御出馬あるべく候」。すなわち、武将たちが清洲城にとどまったままで何ら戦闘行動を起こそうとしないから家康の出馬がないのだという、あたかも豊臣武将たちが日和見を決め込んだ様子であるので、家康も積極的な行動に出られないのだと言わんばかりの侮辱的な言辞であった。

この危険な言葉を聞いて衝撃を受けた本多と井伊の二人は、いかなる成り行きとなるのかと手に汗を握って見守ったが、福島正則は、さればただちに手出しをいたして戦果のほどを家康公に注進するであろうと言い放った。(注28)

(3) 岐阜合戦

家康の立場としては、あえて挑発的な言辞を投げかけることによって豊臣武将たちの反応を試みたわけである。このような侮辱的な言葉に怒って離れていってくれるならば、それはそれでよい。そこまで言われても、なお家康に味方する者だけをふるい分けようとしたのであろう。中途半端な心持ちで、成り行き上同道しているといった状態がいちばん危険なのであるから。

そのような者たちは、事態の推移の中で西軍優位という情勢になると、たちまちに家康に対して裏切り行動に走りかねないような不穏分子である。このような中途半端な連中を追い払って、家康に対する忠誠の堅固な者だけを確保しようとした試みであったろう。しかしこの家康の挑発戦術は、彼の本来の思惑とはかなりかけ離れた効果をもたらすこととなった。

家康の挑発的言辞をそのまま侮辱的言辞と受け止めた福島正則は、疑いの余地なき武功でもってこれを見返すべく、清洲城の豊臣武将を率いて西軍の軍事拠点に対する総攻撃を開始した。彼らにとって直近の西軍拠点はというと木曽川のかなたにある岐阜城であり、次いで長良川・揖斐川という自然要害を頼みとして、その河岸に展開する西軍の諸部隊であった。

石田三成の率いる西軍は、このように木曽三川の天険によって強固な防衛ラインを構築していたと思われたのであるが、実際には豊臣武将たちの猛攻撃によって相次いで陥落していった。ことに岐阜城の場合は、それに先立つ木曽川の渡河作戦時に池田輝政が抜け駆けを行ったことから福島正則が激高し、あわや同士討ち寸前というところまでいったこともあり、この両者が岐阜城への先登一番を競い合って攻撃した結果、同城はあっけなく半日で落城してしまった。

文字通り破竹の進撃であり、彼ら豊臣系武将たちは同二四日には中山道の赤坂の地まで進出した。当時、石田三成ら西軍主力が集結していた大垣城は、一里四キロメートルという指呼の間にあった。

(4) 家康の江戸出陣

家康の江戸出陣は九月一日のことであるが、それを決意させたものこそ、この豊臣系武将たちの快進撃にほかならない。それは、彼らが西軍諸隊を撃破するめざましい行動によって家康の味方であるということを証明したという実績もさることながら、彼らの行動によって思いもよらぬ新たな事態、家康にとって由々しき事態が湧き起こってきたということである。

それは、この豊臣系武将たちの並外れた戦闘能力を目の当たりにするならば、いま繰り広げられている東西決戦は、彼らの軍事力だけで決着がつけられてしまうのではないかという恐れである。あの天下の名城である岐阜城をわずか半日で陥落させた豊臣系武将たちである。目前の平城である大垣城を攻略するなど、いともやさしいことではないであろうか。そしてそれは家康にとって決してあってはならない悪夢のシナリオなのである。どうしてか。漁夫の利が得られてもっけの幸いではないのか。
否である。もしそのような事態に立ち至ったならば、家康は合戦後の政治世界における立ち位置を失ってしまうことであろう。臆病風に吹かれて江戸城に籠ったまま、天下分け目の一戦に参加することもできなかった者として蔑みを受け、武将としての権威を失墜させるとともに政治的な発言力をも毀損せしめてしまうことであろう。戦後政治は家康も徳川をも抜きで進んでいくことにもなりかねないのである。

そこまで江戸城にとどまって全く動こうともしなかった家康が、急激に出陣へと態度を一変させるに至った事情はまさにここにあった。八月二三日には、西軍に属した岐阜城を陥落させたのであるが、この報が同月二七日に江戸に届くや、家康は出馬をただちに決意する。急の出陣決定であり兵士の動員にも日数を要することから、当初、江戸出馬は九月三日とされたが、一日の猶予もならぬと見た家康はさらに日を繰り上げて、九月一日の出陣とした(注29)。

家康は「とにかく早く行かねば」と焦っていた。家康がこのとき前線の豊臣武将たちに対して送った書状には「我ら父子の到着をお待ちあるべく候」(注30)とある。自分と中山道を西上している秀忠が到着するまで戦端を開いてはならぬという警告である。あるいはまた無分別に戦端を切ってはならないとも言い、前線に対して書状を送って繰り返し述べていた。

しかしながら今、東軍の豊臣系武将たちは美濃・赤坂の地まで進出してきており、西軍石田方は大垣城に集結している。大垣城は赤坂から一里四キロメートルと、目と鼻の先にある。そのため、戦端を開いてはならないと警告しても、両者がにらみ合いを続けているうちに、戦闘は偶発的に始まってしまう危険がある。

敵から威嚇の鉄砲を撃ってくる。撃たれたら撃ち返す。撃ち返せば再度撃ってくるという具合だ。こうしている間に、段々とヒートアップし、戦機が熟したといわれる状態に高まっていく。すると「行けーっ!」となり、おのずと戦いが始まってしまうのである。それだから家康は気が気ではない。不測の戦闘が勃発する前に何としてでも現地に到着しなければならない。我らが到着するまで決して戦端を開いてはならない、と繰り返し前線に警告しつつ、江戸から尾張清洲まで軍勢を率いて一〇日間という神業のようなスピードで一気に進んでいった。

だが、この予期せぬ急速展開が中山道を進む徳川秀忠の部隊を置き去りにすることになるのである。秀忠部隊の関ヶ原合戦における遅参問題の本質はここに伏在していたということである。

4　徳川秀忠部隊の遅参問題

関ヶ原合戦における徳川秀忠部隊の動向は、殊のほか重要である。よく知られているように、中山道を西に向かっていた秀忠の部隊はその途中、西軍に属した信州上田城の真田昌幸を攻めたのであるが、それに時間を空費して関ヶ原合戦に遅れるという失態を演じた。よく秀忠の若気のいたりといったかたちでとらえられる事件であるが、従来はこれは関ヶ原合戦全体の中では付随的なエピソードといった程度の扱いでしかなかった。しかし前述(68頁参照)したように、秀忠が率いていた徳川三万の部隊というのは、実は徳川の主力軍であり、それが欠落したということは、関ヶ原合戦における東軍の軍事構成において重きをなしていたのは家康直属の徳川部隊ではなく、家康に同盟した豊臣系武将たちの軍事力であり、徳川主力軍を欠いたままに関ヶ原合戦は展開されていたことになり、同合戦の評価を根本的に見直さなければならないほどに重大な問題であったことが自覚されるようになっていったのである。

そしてまた、そもそも秀忠の部隊は何ゆえに中山道を進攻したのか、上田城攻めは秀忠の若気のいたりといった性格のものであるかについても、根本的な疑問が生じてきた。

(1) 上田城攻撃は既定の路線

秀忠部隊の中山道進攻が決定されるのは、七月二五日の下野国小山の陣で催された評定の場においてである。この小山評定において、徳川秀忠の部隊は会津の上杉方に対する備えを施したのち、中山道を西上し、東海道を進攻する部隊とは美濃・近江のあたりで合流し、しかるのちに石田方西軍との決戦に臨むことが決定された。

小山の評定のあと、秀忠は上杉への前線基地である宇都宮城に入り、上杉勢の進出を阻止するために、宇都宮城をはじめとする関東諸城の改修を施し、これらの城によって構成される防衛ラインの増強を指揮した。そして八月二四日、秀忠は三万八千人の大軍を率い、中山道を通って西上の途についた。軍勢のうち三万が徳川軍、残りの八千は森忠政（信州川中島一三万七千石余）、仙石秀久（小諸五万七千石）など信州方面に領地を有する豊臣系武将たちであった。

ここで、秀忠隊が東海道ではなく中山道を進んだのはなぜかということになるのであるが、秀忠が八月二三日付で諸方面に送った書状には「当表（宇都宮）隙《ひま》明き候間、信州真田表、仕置のため明廿四日出馬せしめ候」(注31)とある。また同月二八日に上野国松井田まで到着した秀忠が、尾張清洲にいる黒田長政に宛てた書状にも、「信州真田表仕置申付べきため、去る廿四日、彼地（宇都宮）を罷り立ち、今廿八日、上州松井田に到り着陣せしめ候、近日彼の地へ押し詰め、仕置き等申付け、隙明き次第、上洛を遂ぐべき覚悟に候」(注32)と記されている。

あるいはまた、家康から信州川中島城主の森忠政に宛てた八月二三日付の書状では、「そこ表の儀、委細中納言（秀忠）に申し付け候条、よき様に御相談尤も候」(注33)（『譜牒余録』）との旨を申し送っている。

これらの書状の文面から明らかなとおり、秀忠隊が中山道を進むこととなったのは、上田城主真田昌幸をはじめとする信州方面の西軍勢力を平定するためであり、秀忠の部隊はそれらの処置を施したのちに西上して、石田方西軍との決戦に臨むことを予定していたのである。

つまり小山の評定で合意された秀忠部隊の上方へ向けての進攻方針は、決して急速の西上ではなく、会津方への防備を充分に施したのち、中山道を通って信州方面の西軍勢力を平定しつつ進軍し、そして上田城の真田昌幸を制圧したのちに上方に進出し、そこで東海道方面軍と合流して西軍との決戦に臨むという、中・長期的な性格を有していたのである。

中・長期的な戦略というと、いかにも奇異な話に聞こえるかも知れないが、それは当時の武将たちの間では至極当然な戦局観であったことであろう。思えば、織田信長が本能寺の変で倒れてのち、秀吉の覇権がひととおり確立する天正一六（一五八八）年まで六年の歳月を要している。しからば、秀吉亡きあとの新たな覇権と政治体制を確立するのに数年を要するであろうと考えるのが常識であったろう。九月一五日という、たった一日で天下の趨勢が決着するなどという事態の展開を想定しえた者など、どこにいたことであろう。

それゆえに彼らの戦略が中・長期的な性格を帯びるのは当然であって、落ち度でも誤算でもない。それは東軍武将たちの総意に基づくものであって、秀忠部隊の独断行動でもなければ、まして秀忠個人のでき心などといったものではさらにない。そもそも秀忠の側には本多正信と大久保忠隣《ただちか》という、それぞれ政略と軍事に長けた経験豊かな参謀二名が家康から付けられており、秀忠部隊の行動は彼らの判断のもとになされていたのであるから。

しかるに事態は急速に意外な方向へと展開していく。家康は小山の陣を撤して江戸城に戻ったのちは、一か月余にわたって自重持久の態度をとり続けていた。しかるに清洲城に集結していた東軍豊臣系武将たちが、先述のとおり出撃に踏み切り、想定外の快進撃を展開しているという情報が届くや、家康は出馬を決意して九月一日に江戸を進発するのであった。

これに対して、秀忠隊が宇都宮城を出て西上の途についた八月二四日の時点では、岐阜城攻略の報はいまだ届いておらず、秀忠隊は当初の中長期的な戦略に基づいて信州方面の平定に臨もうとしていた。

(2) 上田城攻め

秀忠隊は九月二日に信州小諸に到着し、ここから上田城の真田昌幸のもとに使者を遣わして、すみやかに東軍に服属すべきことを勧告した。秀忠側から返答を求められた昌幸は、諸士と協議の上、追って回答する旨を伝え、時日を引き延ばしつつ城塞を修補し守備を増強した。

秀忠および榊原康政はただちに上田城の攻撃に取りかかるべきことを主張したが、老臣の本多正信が自重論を述べたために、小諸にさらに二日を空しく過ごすこととなった。同四日に再び秀忠より昌幸に使いを送ったところ、昌幸は挑発的で傲慢な回答をなし、城外の人家を焼いて開戦の姿勢を示した。

かくて秀忠は同五日、小諸を立って染屋の高地に至り上田城を眼下に見すえて陣した。これより秀忠隊は真田方の各所の城砦を攻撃し、それらを順次攻略していったが、真田側の抵抗もまた小さくはなかった。

同六日、秀忠は麾下の兵士に命じて、上田城外の田地の稲を刈り取らせる刈田を行わせた。このとき真田昌幸は子信繁（幸村）ともども城の外郭を巡視していたところ、この刈田を行っていた秀忠隊の兵士と遭遇して小競り合いとなり、小人数の昌幸父子は急ぎ城内に走り込んで城外に鉄砲を発射した。そしてこれに挑発されるかたちで、秀忠隊に属する牧野康成、本多忠政、奥平家昌、菅沼忠政たちの部隊が一斉に上田城の攻撃にかかった。

しかし真田昌幸の応戦は巧妙をきわめ、徳川の大軍を翻弄して多大の損害を与えた。この開戦を知った本多正信と大久保忠隣は命令なくして攻撃にかかったことを怒り、攻撃を中止させて撤兵せしめた。同九日、秀忠は兵を小諸まで撤退させ、命令なくして上田攻めを行った者に対する軍法違反の処分を行った。

(3) 家康使者の遅れ

家康から、その江戸出陣を伝える使者が秀忠のもとに到着したのは、この九日のことであったという。三成方西軍との一戦が間近に迫っているので、直ちに上方へ向けて進攻すべしという指令である。しかし、この重要な使者が到着したのが九月九日とは。

江戸から小諸まで通常なら九日もかかるわけがない。家康は八月の末段階で出陣を決定しているから、八月の末に使者は江戸から秀忠部隊に向かっているはずで、しかも急使者なのであるから三日もあれば届く。それが一〇日間もかかっている。

川止めに遭ったという理由である。東海道ならば大井川や富士川があるが、中山道で川止めに遭うというのははなはだ不審なので、私は一時期、関ヶ原合戦に遅れた秀忠を弁護するために徳川の歴史家が筆を曲げ、使者が遅れたと作為したのではないかと思い、その見解を公表したことがあった。

ところがあとから発見された左記の書状によって、この考えが誤りであることが明らかとなった。これは九月一一日付で、秀忠から安房館山城主の里見義康に宛てた書状(注34)にそれが示されている。

この表仕置申し付け候ところ、大柿(大垣)之城に石田治部少輔(石田三成)、備前中納言(宇喜多秀家)、嶋津、小西已下楯籠候ところ、先手之衆取り巻き候間、早速罷り上るべき由、内府(家康)より申し越されに付て、急ぎ上洛せしめ候、将又そこ表長々在陣御苦労忝く存知候、猶彼地より申し達すべく候段、一二能ず候、恐々謹言

九月十一日　　　　　　　　　　　　　　　　江戸中納言
　　　　　　　　　　　　　　　　　　　　　秀忠（花押）
安房侍従殿
　御陣所

すなわち、「この上田城の真田に対する制圧作戦を行っていたところ、大垣城に石田三成らが籠城していたので東軍の先鋒部隊である豊臣系武将たちがこれを包囲するに至ったので、急ぎ西上することになった由が家康から申し越された。そこで自分もただちに上洛することとなった。里見も上杉方に備えての長期にわたる在陣の御苦労に感謝申している。また大垣方面に到着してから申すつもりなので、今は細かなことは記すことができない」。大要、このような内容である。

この秀忠部隊の作戦変更と上洛行動を報知する書状の出されたのが九月一一日であることを見るならば、家康の使者が同九日に秀忠のもとに到着したとする徳川史書の記述とは完全に符号しており、事実であったことが裏づけられる。私がかつて表明した、徳川の史書に作為があるのではないかとする疑いは誤りであった。

九月九日に、急速西上を命ずる家康の命令が秀忠のもとに届いたとなると、秀忠部隊の混乱は察するにあまりある。上田城制圧が不首尾に終わって態勢の立て直しを図っているところに、その作戦を放棄して、直ちに美濃国大垣方面へ急行せよという命令であるから、いったいどのように対処してよいかわからず迷走状態に陥っていくのは避けられないことであったろう。

上田制圧作戦を放棄するといっても、秀忠部隊が方向を転じて西へ向かえば、上田城の真田勢からの追撃を受けることを覚悟しなければならないから、そのための防備部隊を三万の軍勢の中から割いて残さなくてはならない。他方では、秀忠部隊のこの先に待ち受けているのは狭隘にして峻険な木曽路である。そこを二万余の大軍を急速展開させることの困難さは言うまでもないことであろう。

(4) 秀忠部隊遅参の背景

これが秀忠部隊の遅れであり、関ヶ原合戦へ参加しえなかった理由である。それは一言で言えば家康からの使者が川止めに遭って、大きく遅れたことによる。しかしもう少し掘り下げて検討すべき余地もある。

というのは、秀忠部隊のその後の動きを見るに、とても急速展開といったふうではないからである。むしろ緩慢にさえ感じられてしまう。

すなわち、秀忠隊が小諸の地を離れるのは翌一〇日になってからであり、同地を出発したのちも真田勢の追撃を警戒してわざわざ迂回路をとり、和田峠を越えて同一三日にようやく下諏訪に出るといった具合である。小諸から下諏訪までに三日もかけており、この時点においても秀忠部隊には西上を急ぐといった雰囲気は見てとれないのである。

秀忠が戦雲の急なることを知って、昼夜兼行の進軍を始めるのは、塩尻を過ぎて木曽路にさしかかったあたりからである。この頃になると、美濃赤坂陣に集結している東軍武将から秀忠のもとに、石田方西軍との決戦間近の情報が相次いで届くようになり、それが秀忠隊の進軍態度の転機となっているわけである。

つまり秀忠隊の遅れは、家康の使者が川止めなどの事情によって妨げられたという偶発事情もさることながら、より深い事情、すなわち家康と秀忠（むしろその参謀である本多正信・大久保忠隣ら）との戦略観のズレに起因するものではなかったかと考えられる。

先述のように関ヶ原合戦をめぐる一連の過程の中で、大きな転機をもたらしたのは八月二一日から始まる岐阜合戦である。岐阜合戦の結果とその後の豊臣系武将のめざましい進撃という事態は、家康に重大な決断を迫るものであった。家康はそれまでの持久自重の態度をかなぐり捨てて、急速西上へと方針を転換する。

家康はそこに石田方西軍との戦いにおける勝機を見いだすとともに、彼ら同盟の豊臣系武将たちだけで東西決戦の決着がついてしまうという事態を恐れ、自分たち父子の到着があるまで不用意に戦端を開くことを堅く戒める書状を前線に繰り返し送りつつ、急速進攻を遂げた。

しかしこの家康の急速展開という行動の機微が、使者は届いても、秀忠側には伝わっていないように見える。秀忠の部隊は、岐阜合戦の勝報を受けても、その行軍に特段の変化は認められない。同部隊は小山の評定で議されたところに基づいて、上田城の真田をはじめとする信州方面の西軍勢力を平定したのち上洛するという、中長期観点に立って自己の部隊に課せられた任務を遂行するという態度を一貫して保持していた。この両者の戦局に対する認識の違いが、秀忠隊の遅参の根本的な原因であったように考える次第である。

むすびに ――関ヶ原合戦研究と幕藩体制論

以上が関ヶ原合戦をめぐる本質的な問題として指摘できるかと思う。

そしてこのような認識の変容は、単に関ヶ原合戦そのものの理解を改めるというだけにとどまらない。より重要な問題は、関ヶ原合戦がそれより二六〇年にわたって存続することになる徳川幕藩体制の国制構造を規定しているところから、同合戦に対する認識の変容は、二六〇年にわたる徳川幕藩体制そのものに対する認識を根本的に改変するのを余儀なくするということである。この観点において、関ヶ原合戦研究はより重要な意義を有している。

それはまず端的に全国的な領地構造に反映されることとなる。同合戦の帰結として、東軍に属した豊臣系武将が合戦後の論功行賞において稔り豊かな果実を満喫することとなり、西軍からの没収高六三〇万石余の八〇%にあたる五二〇万石余が彼らへの加増としてあてがわれた(注35)。そして図2(60頁)に見られるように豊臣武将たちは播磨国(池田輝政)、紀伊国(浅野幸長)、安芸・備後国(福島正則)といったように、一国単位で領地を領有する国持《くにもち》大名へと成長していった。京以西の西国方面はこのような豊臣系国持大名によって、その大半が占められることとなった。残りは、関ヶ原合戦で負け組となった毛利、島津、鍋島といった旧族系外様国持大名たちの領地であった。

　こうして京以西の西国は豊臣系領国といって過言ではないほどに豊臣系大名の存在が圧倒的なのであるが、さらにこれを裏づけるように、いま一つ重要な問題点がある。それは京以西の西国には徳川系の大名領地が皆無であるという事実である。これはこれまで見落とされてきた問題であるが、きわめて重要な論点をなしている。この問題については次の第3章で詳しく取り扱いたい。

　領地問題でいま一つ、そして根本的に重要な問題は、徳川系領国というのは関八州および近江に至る東海道沿道諸国、そして結城秀康の越前国を見るぐらいなものであり、国数にして二〇か国ほど、日本全体の三分の一にすぎないという事実である。それもまた関ヶ原合戦の厳粛な帰結であった。

　すなわち家康と徳川幕府とは、日本全国領地のうちの三分の一しか領有していない状態から出発しなければならず、その状態を踏まえて全国統治をしなければならないというのが現実であった。しかも京から以西の西国方面はすべて非徳川の外様大名たちの領地であり、しかもその八割が豊臣系の国持大名であったという事実。

　これらの条件のもとに、徳川幕府が全国統治をなさねばならなかったというのが現実である。

このような歴史認識は、同合戦の勝利をもって家康と徳川の覇権が確立し、以後二六〇年にわたる支配の磐石の基礎を築いた、という従来の関ヶ原合戦像とは大きく異なるものと言わなくてはならないであろう。しかして、従来の関ヶ原合戦像を前提にして形成される幕藩体制像と、この新しい関ヶ原合戦像を前提にして構築されるそれとが、根本的に異なる歴史像、歴史認識をもたらすことは必然であろう。

関ヶ原合戦をめぐる研究は、ただに関ヶ原合戦そのものの研究であるだけでなく、それに続く二六〇年余にわたる徳川幕藩体制の全体に関する研究にほかならないということが自覚されなくてはならないであろう。(注36)

注

1 行動を起こした七人の武将名は諸書によってまちまちであるが本書に掲げる七名である。詳しくは笠谷和比古『関ヶ原合戦と近世の国制』(思文閣出版、二〇〇〇)を参照されたい。また、この事件の直接の原因は、慶長の役で名高い蔚山籠城戦のおりの働き、およびその後に顕在化してきた戦線縮小措置をめぐる処分問題であった(同前)。

2 試みにその二、三を引くならば次のとおりである。「前田利家の没した閏三月三日の夜、加藤清正・黒田長政・浅野幸長・福島正則・池田輝政・長岡忠興・加藤嘉明の七将が、自分の出づるを待って要撃しようと企てることを知った石田三成は、佐竹義宣の尽力に依り、危きを逃れて四日伏見に到り、政敵家康の許に身を投じた。七将はその後を追って伏見に来り、三成を引渡されんことを家康に求めた。そのために伏見の物情洶々たる有様であった」(中村孝也『新訂徳川家康文書の研究』中巻、日本学術振興会、一九八〇、三九七頁)。「利家逝去の夜、加藤清正・黒田長政・細川忠興・池田輝政・加藤嘉明・福島正則・淺野幸長の七人の武将は、直ちに三成襲撃の挙に出た。(中略)三成は利家の邸から脱出して一旦自分の家に帰り、ついで佐竹義宣の機転の処置で、宇喜多秀家の屋敷に逃れ、さらに伏見に赴いて、家康の保護を求めた。加藤らの七将は三成のあとを追って伏見に至り、三成の身柄引渡しを家康に申し入れた」(今井林太郎『石田三成』吉川弘文館、一九八八、一三三頁)。

3 国立公文書館内閣文庫蔵

4 板坂卜斎『慶長年中卜斎記』(『改定史籍集覧』第二六冊)

5 黒川真道編『国史叢書』(国史研究会、一九一六)

6 東京大学史料編纂所蔵

7 林述斎監修『朝野旧聞裒藁』(『内閣文庫所蔵史籍叢刊』特巻、汲古書院、一九八三、所収)

8 辻善之助校訂『多聞院日記』

9 慶長四年閏三月十三日に、家康は向島の屋敷から移って伏見城に入るが、このときに同城の在番が前田玄以であったことが知られる(宮川尚古『関原軍記大成』巻之三、林述斎監修『朝野旧聞裒藁』閏三月十三日条)

10 陸軍参謀本部、一八九三

11 民友社、一九二二

12 徳富蘇峰『近世日本国民史』第五章二一節「家康、石田を保護す」

13 関ヶ原合戦後の全国的な領地配置の詳細については藤野保『近世国家史の研究―幕藩制と領国体制』(吉川弘文館、二〇〇二)ほかを参照。

14 笠谷和比古『関ヶ原合戦―家康の戦略と幕藩体制―』(講談社選書メチエ、一九九四。のち講談社学術文庫)

15 同前。なおこれらの分析の初出論文は笠谷和比古「関ヶ原合戦の政治史的意義」(宮川秀一編『日本史における国家と社会』思文閣出版、一九九二)

16 田端泰子『北政所おね』(ミネルヴァ日本評伝選、二〇〇七)など。

17 徳富蘇峰『近世日本国民史・関原役』第一六章三所収。

18 笠谷和比古・黒田慶一共著『秀吉の野望と誤算―文禄・慶長の役と関ヶ原合戦―』（文英堂、二〇〇〇）
19 朝尾直弘『将軍権力の創出』Ⅱ「豊臣政権論」（岩波書店、一九九四）
20 笠谷和比古『関ヶ原合戦』
21 同右
22 同右
23 板坂卜斎『慶長年中卜斎記』
24 『譜牒余録』巻四九「秋田信濃守」
25 中村孝也『新訂徳川家康文書の研究』中巻、『譜牒余録』巻二一「松平右衛門佐」
26 中村孝也『新訂徳川家康文書の研究』中巻
27 林述斎監修『朝野旧聞裒藁』慶長五年八月九日条
28 板坂卜斎『慶長年中卜斎記』
29 慶長五年八月二八日付徳川家康書状［藤堂高虎宛］（『藤堂家文書』東京大学史料編纂所蔵）、同日付徳川家康書状［浅野長政宛］（『譜牒余録』巻二二「松平安芸守」）は、いずれも家康の出馬を九月三日と明言している。ところが藤堂高虎に宛てた同日の第二の書状では「来朔日出馬相定候」として、九月一日の出馬と変更している。この変更の理由としては、八月二八日に藤堂高虎から合渡の合戦で石田三成の軍勢を打ち破った旨の勝報が家康のもとに届いており（「治部少輔罷出候処ニ、被及一戦、悉被討果事、潔儀御手柄共ニ候」、『藤堂家文書』）、このような前線における戦雲の急なることにあったのであろう。
30 慶長五年九月一日付徳川家康書状［福島正則・池田輝政宛］（中村孝也『新訂徳川家康文書の研究』中巻）など。
31 『朝野旧聞裒藁』巻二二一「別録、庚子信濃国上田攻城始末」之七
32 『譜牒余録』「松平右衛門佐」
33 『譜牒余録』「森美作守」

34　千野原靖方『里見家改易始末』（崙書房出版、二〇〇一）所収、「延命寺文書」。
35　藤野保『新訂幕藩体制史の研究』（吉川弘文館、一九七五）
36　このような新たな関ヶ原合戦研究を踏まえた新たな幕藩体制論の試みとしては、笠谷和比古「徳川時代通史要綱」（笠谷和比古編著『徳川社会と日本の近代化』思文閣出版、二〇一五、所収）を参照されたい。

［補論］

小早川陣に対する家康の誘導射撃をめぐる問題

関ヶ原合戦の酣《たけなわ》において、東軍側に裏切る手はずとなっていながら、いっこうその気配の見えない小早川秀秋の態度に業を煮やした家康が、小早川の陣に対してその去就を問う、いわゆる問い鉄砲を放ったとされる事柄をめぐる問題についてである。

この問題をめぐる疑問とされることは、家康の布陣している関ヶ原中央部の位置から、鉄砲を小早川の陣営のある松尾山に向けて発射したとしても、到底その射撃音は届かないであろうというものである。今でも、よく関ヶ原の位置から鉄砲まがいの音を鳴らして、松尾山頂の小早川本陣の場所で聞こえるかどうかといった実験をやってみて、「やっぱり聞こえない」などと実験の成果を誇らしげに語るといったイベントがよく催されたりしている。

そこで、次のような議論が登場してくる。小早川秀秋を裏切り参戦に誘導するためには鉄砲射撃などでは不充分であり、松尾山上に砲撃が届くほどの大筒クラスの巨砲が用いられたに違いないという流れになっていく。これを受けて、テレビの大河ドラマなどでも、松尾山頂の小早川秀秋本営に巨砲が撃ち込まれ兵士たちが周章狼狽といった図で描かれることになるのであるが…。しかしそんな威嚇砲撃をして、もし秀秋を直撃でもしたらどうなるかということを考えないのだろうか。

このような議論と鉄砲音実験の前提には、小早川の軍勢は松尾山頂に集結しているという思い込みがあり、そこに誤りがある。秀秋その人は山頂の本営にあるけれども、小早川軍は松尾山の全体に展開・布陣しているのである。殊に平岡頼勝と稲葉正成の両家老を旗頭（司令官）とする先鋒部隊（「先備」）は、松尾山の中腹辺りに布陣していると見るのが妥当である。そしてその先鋒部隊の最前線を担当する先手鉄砲隊の位置は、さらに山麓近くになることになる。

家康の命を受けた鉄砲隊が、誘導の鉄砲を小早川陣に向けて発射すれば、小早川側はただちに異変を知覚するのである。最前線から司令官の家老のもとに報告がなされ、そして家老から山頂本営の小早川秀秋のもとに伝達されるという仕組みである。何の難しいことも、無理もない。当時の軍隊の布陣の形を理解しないことから、右のような鉄砲音が山頂まで届くはずがないという、的外れの議論に陥っていくことになる。

鉄砲音が届くはずがなかったという議論は、また別の方向へと迷走していく。それは、そもそものような誘導の鉄砲射撃などはなかった。それはあとから作られた話であって、そのような誘導の射撃など待つまでもなく、小早川部隊は早々に裏切り下山し、戦いはあっけなく決着がついたとするものである。

しかしながら、小早川秀秋の軍が逡巡していて、裏切り出撃に時間を要していたという点は、徳川側の文献のみならず、この裏切り工作を行っていた黒田長政の関係史料にも克明に記されているところであって、それを否定するのは不可である。『黒田家譜』によるならば、小早川秀秋の裏切り出撃を監視するために、家康からは奥平藤兵衛が、長政からは猪子喜之介がこのとき、秀秋のもとに送り込まれていた。

そして戦いも酣となって裏切り出撃する段になり、秀秋は出撃命令を下したのであるが、先鋒家老の平岡頼勝が、「今は出撃の機にあらず」と言って命令を拒むという意想外の事態となった。これは簡単に崩れると思われていた石田三成ら西軍が予想外の善戦を展開しているために、小早川軍が裏切り出撃しても直ちに西軍を撃滅できるかについて、平岡は確信が持てなくなったためであった。

家康から付けられていた奥平藤兵衛は前戦まで出向いて平岡を叱責したけれども、平岡は「戦いの潮時はわれらに任さるべし」と言って取り合わなかった。小早川の出撃のないことに苛立った家康は、使番（伝令）を黒田長政のもとに遣わして、あの調略はどうなっているのかと長政を詰問しようとしたが、その使番が馬上で長政の名を呼び捨てにするような無礼な態度をとったことから、長政は怒り、「事が思惑通りに運ばないのは戦場のならい」と言い返した旨のやり取りが、『黒田家譜』に克明に記されている。

実は、この問題に解答を与えてくれる史料がある。それは『備前老人物語』という書物で、著者不肖ながら宇喜多家に仕えたかと思われる武士で、晩年は岡山方面に居住した人物の回顧談である。その書物に伝聞ながら、この関ヶ原合戦のときの興味深いエピソードが記されている。

すなわち小早川軍が松尾山に布陣して東西両軍の戦いを観望していたときのこと、麓の方で自軍に向けた鉄砲の射撃音のするのが聞こえた。そこで小早川の使番が秀秋の命を受け下山して事情を調べようとした。ところがそのとき、徳川方の武士が下から上がってきて、「これは誤射、御懸念無用に」と述べて調査の必要はないと強く申し立てた。

しかしその使番は、これは主君からの命令であるとして、それに構わず現場の状況をあれこれ調べたところ、単なる誤射ではなくて、かなり複雑な事情のある行為であったようだ、という内容のことを記している(神郡周校注『備前老人物語　武功雑記』現代思潮社、一九八一年)。

この記述から、松尾山の山麓付近で鉄砲を発射しても、山上までその情報が間違いなく届いていることが裏づけられる。

そして、家康から小早川陣営に向けてなされたという誘導の鉄砲はやはり発射されていたこと。

そして小早川の軍勢は、その家康側から鉄砲射撃されるまでの間、裏切り出撃を行っていなかったこと、等々が同書の記述から裏づけられるのである。

第3章
大坂の陣をめぐる諸問題

▼関ヶ原合戦後の豊臣家と秀頼の権威的地位▲
▼家康の将軍任官と豊臣家と秀頼の政治的地位▲
▼豊臣・徳川の東西分有による二重公儀体制▲
▼二重公儀体制の破綻としての大坂の陣▲

はじめに——問題提起として

ここでは関ヶ原合戦後における豊臣家の存在と秀頼の政治的地位について検討する。それは取りも直さず、大坂の陣が何ゆえに勃発し、豊臣家と秀頼が滅亡するに至ったのかという問題を考えることにほかならない。

関ヶ原合戦後における豊臣家と秀頼の地位について、摂津・河内・和泉六五万石の一大名に転落したという見方は、古くからあり、かつ根強く残っている通念といってよいであろう。しかし、それははたして正しい認識だろうか。また、一大名に転落したならば、なぜ家康は豊臣家を滅ぼさなければならなかったのだろうかという矛盾した問題も出てくる。

そしてさらに、豊臣家が建造した京都・方広寺大仏殿の梵鐘の銘文中にある「国家安康」という字句に目をつけ、これは「家康」という文字を分断するものだとの言いがかりをつけて、豊臣家を滅亡に追い込んだとする、もう一つ根強い見方と表裏一体のものになっているかのように見える。これもはたして正しい見方であるかどうか、関ヶ原合戦から大坂の陣に至る一連の事態の意味を問い直したいと思う。

1節　関ヶ原合戦後の秀頼と豊臣家の地位　――「太閤様御置目の如く」

関ヶ原合戦後における豊臣家と秀頼の地位を考えるにあたって重要なことは、関ヶ原合戦そのものの理解が近年、大きく改まっているという事実である。従来、関ヶ原合戦は豊臣と徳川との天下支配をめぐる抗争であり、その戦いに勝利した家康と徳川が覇権を掌握し、以後二六〇年にわたる徳川幕府の支配のための画期をなしたものとして理解されてきた。

しかし関ヶ原合戦については前章で詳しく述べたとおり、旧来言われていたような徳川の勝利ではない。家康と徳川系武将たちが獲得した領分というのは、関八州および近江国に至る東海道沿道諸国、そして北陸の越前国ぐらいにとどまっている。国数にして二〇か国ほど、日本全土の三分の一の領有にすぎなかった。

関ヶ原合戦における勝利の果実の大半は、家康に同盟した豊臣系武将たちに分与された。彼らは国持大名（播磨国、備前国といった一国規模の領地を持つ大身大名）へと躍進し、その結果、京以西の西国方面があらかた豊臣系大名たちの領国で占められ、徳川系大名の領地が全く存在しないという領地構成を示すこととなった。すなわち、京以西の西国があたかも豊臣系国持大名たちを中心とする豊臣領国の観を呈している。

他方、西国方面には国持ならぬ中小規模の大名たちだけがまとめられる混在国もできた。近江、丹波、但馬、備中国などがそれであり、九州では豊後、日向国などが中小クラス大名の混在国である。しかしながらこれら混在国にあっても、徳川系の大名は皆無であって、豊臣系ないしは戦国時代以来の旧族系の大名に限られている。このことは、徳川による天下統治という観点からすると、非常におかしな話なのである。

これら西国方面の中小クラス大名の混在国のうちに三〜五万石クラスの徳川譜代大名をいくつか配置をしておくということは、家康と徳川幕府の天下支配にとって絶対に有利のはずである。何よりも監視機能が働くわけで、これら豊臣系ないし島津・毛利ら旧族系の大名たちににらみを効かせ、日常的にそれらの動向を監視するとともに、反乱行動が勃発すればいち早く幕府に通報し得るとともに、一時的にであれ城に立て籠って反乱軍の進攻を阻止・牽制もできる。また非軍事的な観点においても、幕府の平時の行政的命令の伝達・施行という側面からも、そのような譜代大名が西国の各地に点在していることが効果的であることは言をまたないであろう。しかしそのような徳川譜代大名が一切存在していないのである。何ゆえか。

関ヶ原合戦後の全国的な領地構造を見たとき、京都を境にして見事に東西に分かれている。この領地配分を取り仕切ったのは、ほかならぬ家康であった。家康は、何ゆえに、どのような意図のもとに、このような領地分布によって日本全土の領地形態をデザインしたのであろうか。

これらの事実、これらの問題を充分に踏まえて考察しなければ、関ヶ原合戦後の国制構造の特質も、そしてまた豊臣家と秀頼の政治的地位をも、正しく理解することはできないということである。

【太閤様御置目の如く】

最初に確認しておかねばならないことは、当時の人々が諒解していた関ヶ原合戦後の政治原則は、「太閤様御置目の如く」という言葉で表現されていたという事実である。すなわち太閤秀吉の制定した政治の枠組みを継承するというのが、当時の政界の合意であり、大名たちの間での認識であった。(注1)

つまり当時の人々は、関ヶ原合戦のあとも豊臣公儀体制は解体されることなく、そのままのかたちで存続していたこと、豊臣家と秀頼の権威的地位も変わりなく持続されていたという認識を持っていたということである。それは以下の諸事実によっても裏づけることができる。

1　大坂城における家康と豊臣家との和睦の盃事

関ヶ原合戦後の慶長五（一六〇〇）年九月二七日に、家康は大坂城に入って秀頼に謁した。さらに一〇月一五日には大坂城中において家康と豊臣家との和睦の盃事が催されている。

関ヶ原合戦における淀殿のスタンスは微妙なものであり、増田長盛ら大坂三奉行らが三成方西軍に荷担した時期から淀殿も当然にも三成方に傾斜していったことは状況的に明らかであったが、しかし彼女は賢明にも三成方が敗北したときのことを考慮してか、明確な証拠となるような文書を残さなかった。

そこで家康も、淀殿はあくまでも三成ら西軍に自由を奪われていたものとして責任追及はせず、和解というかたちで一切を不問に付すこととしたのである。

さてこの大坂城中で行われた和睦の盃事であるが、このときの座配に注目したい。これは盃の廻る順番で、その上座・下座の関係が明らかとなる。

このとき盃の廻る順序は、淀殿→家康→秀頼という並びとなっており、最初の盃は淀殿であり、その盃が家康に廻るというかたちをとっていることから、豊臣家側が依然として家康に対して上位にあることがわかる。

家康が盃を飲み干したあと、淀殿はそれを秀頼へ廻すように言ったのであるが、家康はこれを遠慮して固辞した。しかし、淀殿の強い勧めによって秀頼に廻されたとしている。このようなことから、この盃事の場においては、淀殿と秀頼が上座、家康が下座という座配であったことが判明する。これは徳川方の武将である戸田氏鋍《うじかね》の覚書（『戸田左門覚書』（注2））に記されていることである。

2 豊臣秀頼の領地は摂河泉六五万石を超えて西国一帯に分布

関ヶ原合戦後において豊臣家と秀頼の領地は摂津・河内・和泉三国の六五万石に縮小され、一大名に転落したと言われてきたが、誤りであることが近年の研究によって明らかになっている。

それはこのあとに勃発する大坂の陣に際して、備中国の国奉行（一国全体の管理事務を担当する代官的役人）であった小堀政一が、備中国内にある大坂方給人の知行地の年貢を抑留すべきことについて、家康に対して指示を仰いでいるという事実から証示しうるところなのである。

さらに冬の陣が和議成立によって終息した慶長一九（一六一四）年一二月二二日付で、大坂方の大野治長が家康側近である本多正純に対して宛てた書状において、大坂給人たちの諸国にある知行地の年貢を元通り支給されるように要請している事実によってもこの点は裏づけられ、豊臣秀頼家臣の知行地は秀頼の領地とされている摂河泉三国を超えて、西国一帯に広く分布していたと判断される(注3)。

家臣の知行地が主君の領国を超えて各地に広く分布するなどということは一般大名にはありえないことであって、それはただ徳川幕府の直臣である旗本の知行地が広域にわたって散在分布していたかたちとのみ同型であり、秀頼と豊臣家の存在が一般大名を超越した存在であったことが、この領地構造からも見てとれるであろう。

それでは秀頼の蔵入地と豊臣家の直轄家臣（これは「大坂衆」と呼ばれる）の知行地との石高総体はどれほどになるのだろうか。これは現在のところ不明であるが、いま大坂衆の数を一万人、平均石高を百石とした場合でも百万石という数字になる。これはかなり小さく見積もった数字であるが、これをもってしても秀頼と豊臣家の巨大さが推し量られることであろう。

3　関ヶ原合戦後の領地配分に際して領知朱印状が不発給

関ヶ原合戦後における一連の処置の中で不思議なのは、あれだけ大規模な諸大名の領地配分が行われたにもかかわらず、それに随伴するはずの領地の領有を保証する領知朱印状（朱印ではなく花押が添えられた場合には「領知判物」と称する）が見当たらないことである。(注4)

私はこの点を奇異に感じてあれこれ捜したけれども見つからない。そして探索を続けているうちに、このときには領知朱印状は発給されなかったということが判明した。それは左記の史料によって知られる。

これはのちの時代になるが、寛永九（一六三二）年に肥後熊本藩五〇万石に領地替えとなった細川忠利が、前領の豊前小倉藩のときの領地給付に関する書付の有無を、その父で現在は隠居の身の細川忠興に問い合わせた。これは、新領地に対する領知朱印状を幕府から発給してもらうように際して、旧領の領知朱印状を返上しなければならないからである。
それに対する忠興の回答は以下のとおりであった。

> 権現様より豊前一国、豊後の内拝領申し候時、御書出少もこれ無く候、我等に限らず、何も其分にて候つる
>
> （『大日本近世史料　細川家史料』一〇一六号）

すなわち、「家康から豊前一国と豊後国の一部を領地としてもらったときには、書付のようなものは一切なかった。これは自分だけでなく、みんなそのとおりであった」という内容である。(注5)この点は土佐藩山内家の場合についても確認されることで、同家の文書に「土佐国拝領仕り候、但し、御判物は頂戴仕らず候」(注6)とあることがこれを裏づけている。

関ヶ原合戦後の全国的な領地配分が、家康によって行われていたことは確認される。伏見城にあった家康は、家臣の井伊直政と本多忠勝の両名を相談役として三者で領地配分案を決定していた。(注7)

そして論功行賞の高い順番に、領地を決めていくのである。関ヶ原合戦における論功行賞の第一位は、豊臣系武将の雄、福島正則であった（拙著『関ヶ原合戦と大坂の陣』参照）。そこで福島に

は、安芸・備後二か国と西軍総師毛利輝元の居城広島城を給付するという案を用意し、井伊と本多両名が使者として伏見の福島屋敷を訪れて、この行賞案を提示する。そうしたところ、福島は満面に笑みを浮かべてこれを受諾したので、これでまず安芸・備後二国が決定という仕儀である。

実はもしこのときに、福島が不足を言い立てて難渋した場合には、持ち帰って再検討するという段取りであったのだけれども、福島がすんなり受諾してくれたので安堵した由であった。

このような方式は、土佐藩山内家の場合でも確認される。山内家の伏見屋敷には、使者として家康の重臣榊原康政が赴き、土佐一国を拝領の旨が口頭伝達をされている。

以下、このようにして使者による口頭伝達というやり方をもって、諸大名の領地を順々に配分していくという作業を繰り返しつつ、全国の領地配分を決定していたのである。

しかもその領地配分のやり方は、領知朱印状を一斉に発給して確定するというのではなく、いちいち使者を立てて本人の屋敷に赴いて領地案を口頭伝達し、福島の場合のように受諾か否かを確認するという配慮まで含めた作業の繰り返しというかたちを取っていた。

何ゆえに、あたかも賃金交渉のようなやり方で、しかも書付を一切伴わない口頭伝達というかたちでもって領地配分を行っていたのであろうか。領知朱印状を一斉発給すれば簡単に片づくものを。

ここまでくれば諒解されるであろうが、要するに家康の名前では領知朱印状は発給できなかったということである。もし発給するならば、それは豊臣秀頼の名をもってするしかないこと、しかしそれは家康側にとって不都合。そこで右に述べたような、わざわざ迂遠な方式をとらざるを得なかったという次第であろう。

この点を裏づけてくれる興味深い史料がある。この関ヶ原合戦のとき、九州の地にあって家康方東軍に属して積極的に活動をしていた黒田如水（官兵衛）の次の書状である。

これは如水が九州において自力で切り取った敵方の領地について、これを自己の領地に編入してもらえるよう家康への取りなしを藤堂高虎に依頼した書状の一節である。(注8)

> 一、加主計（加藤主計頭清正）、拙者事は、今度切取り分、内府様御取り成しを以て秀頼様より拝領仕り候様に、井兵（井伊兵部少輔直政）仰せ談ぜられ、御肝煎頼み存じ候、数年御等閑無きは此節に候

すなわち、「加藤清正や自分たちについて、このたび九州地方の戦いで西軍大名たちから勝ち取った領分については、家康様からの取りなしで豊臣秀頼様から拝領できるように、あなた（藤堂高虎）から家康側近の井伊直政に相談の上、うまく運ぶように御助力を頼みたく思っています。

数年来、あなたと懇にしてきたのは正にこのときのためです」。

ここに見られるように、家康につき従って東軍側で行動し、秀頼を戴く西軍と敵対している黒田如水にあってすら、彼が切り取った領地の領有承認の主体は家康ではなくて豊臣秀頼であるということが、全く自明当然のこととして語られている。家康は、秀頼に領地問題を取りなしてくれる存在以上のものとは、見なされていないのである。それが当時の武家社会における人々の、ごく自然な常識であったということである。

4　秀頼の将来的地位は全武家領主の上に君臨する統率者という認識

関ヶ原合戦の終了時点で八歳（数え年）であった秀頼は、成人した暁には全武士領主を統率して、天下の政治を主宰するべき存在であると、同合戦後も人々の間で認識されていた。

これを裏づけるのが、次に掲げる、合戦翌年の慶長六年四月二一日付で、伊達政宗から家康側近の今井宗薫に送られた書状である。(注9)

いかに太閤様御子に候とも、日本の御置目など取り行はるべき御人に御座なく候由、内府様御覧届け候はば、御国の二三ヶ国も、またはその内も進せられ候て、ながながの御進退申され候て能候はん

すなわち、「いかに秀吉公の御子であると言っても、日本国の統治を執り行っていけるような能力をもった人物ではないと、家康様が見極められたならば、秀頼様に領国として二、三か国か、あるいはそれ以内でも差し上げて、末永く豊臣家を存続していかれるようにするのが望ましい」という内容である。

政宗は、幼少の秀頼を担ぎ出して戦乱を企てる輩が出現しないとも限らず、それは豊臣家にとってても不幸なことであるから、秀頼は家康のもとに引き取って養育していくべきだという文脈の中で、右の文言を述べている。すなわち、秀頼様には領国の二、三か国ほどを進呈して一大名として穏やかに暮らされるのが、豊臣家の存続にとっても望ましいことではないだろうか、という現状の変更を求める提案である。

すなわち、この文面から明らかなように、秀頼は秀吉の嫡子であることによって成人した暁には、武士領主の上に君臨して政権を主宰するべき存在であるということが、武家領主たちの間で

は自明の前提とされていたということである。そしてまた家康は—実力的にはもちろん第一人者ではあるが—、あくまで秀頼の補佐者だという認識もこの書状の文面には含意されている。

そもそも伊達政宗は無二の家康派である。しかも今井宗薫は政宗の女子（五郎八《いろは》姫）と家康六男の松平忠輝との婚姻を仲立ちした人物として知られており、この書状は政宗と家康との間だけの内輪話、豊臣家の人々に対して全く気遣う必要のない書面内容である。

そんな内輪の書状にしてなお、秀頼を公儀の主宰者の地位からはずしてはどうかという提案を、かくも慎重な言い回しでもって終始しているという事実に留意されなければならない。

この政宗書状が雄弁に物語るとおり、秀頼が成人したならば公儀の主宰者の地位に就くという認識は、関ヶ原合戦後においてもなお武士領主たちの世界では共通諒解とされていたということである。

この慶長六年の政宗書状の内容は、関ヶ原合戦後の豊臣家と秀頼の地位を「摂津・河内・和泉三か国の一大名」と見なしてきた従来の歴史像が誤りであることを、明確に証明することとなっている。

5　秀頼の関白就任は世上の諒解事項

以上に検討したところからして、関ヶ原合戦後に豊臣家と秀頼は摂河泉六五万石の一大名に転落したという旧来の歴史像が、もはや成り立たないことは言を要しないと思う。

ただし、この領地領有問題とは別のタイプの議論で、秀頼が一大名に転落したと主張する根拠として、関ヶ原合戦ののち秀頼が関白に就任する可能性がなくなったからとするものがある。この問題を検討しておこう。

関白職については関ヶ原合戦の直後に、摂関家の一つ九条兼孝がこれに任官する。これは天正一三年以来続けられていた豊臣家による関白職の独占を終わらせるものであり、当時の公家の間でもこれを指して、「武家より摂家へ返さるるの始め」(注10)と唱えられていた。

今谷明氏はこれをもって秀頼は関白に就任する可能性を絶たれたものであり、摂河泉六五万石の一大名に転落していくという理解を示されているが、(注11)これは以下に述べる諸事情、諸理由によって誤りとせねばならない。

九条兼孝の関白就任が豊臣家による関白職の独占体制を崩したという意味においては、もちろん豊臣家にとっては不利なことには違いないが、しかしこれは秀頼が成人した時点での関白就任を妨げるものではない。

【将軍は世襲、関白は廻り持ち】

関白の職というのは、将軍職とは異なって特定の人物が終身就任するものではなく、また特定の家で父子継承していくものでもない。一定の時期を勤めたなら別の人間に引き渡していくというのが常であり、いわゆる五摂家（近衛・鷹司・一条・二条・九条の五家）の間で廻り持ちすべきものである。

そして関白を辞職しても「前関白」という称号と境遇が用意されており、現任関白とさして変わらない待遇が終身保証される。さらには「正二位」や「従一位」という関白就任に伴って叙せられた高い位階は、関白辞職後も保持されおり、これはさらに昇進もありうることであった。

それゆえに、このような関白職廻り持ちの中に豊臣秀頼が一時期、加わるということは無理なことではない。先の公家の日記の表現に「武家より摂家へ返さるるの始め」とあった点に注意しよう。関ヶ原合戦ののち豊臣家から関白職が完全に手放されたのであれば「武家より摂家へ返さる」とのみ記せばよいことである。それを「返さるるの始め」という表現をとるということは、このこのちも関白職が五摂家側と豊臣家側との間で行き来するであろうという予感があるから、このような表現がとられたということではないか。

そして実際、当時の人たちは秀頼がいずれ関白に任官するであろうということを、当然のこととして受け止めていたことが知られる。すなわち、先述の「武家より摂家へ返さるるの始め」と記されたときより三年後の慶長八（一六〇三）年のこと、この年に家康は将軍に任官するのであるが、世上では、これと同時に秀頼の関白任官が行われるであろうとの噂で持ちきりだったからである。

醍醐寺三宝院門跡であった義演《ぎえん》の日記には、「秀頼卿関白宣下の事、仰せ出だ さると云々、珍重々々」（『義演准后《じゅごう》日記』慶長七年一二月晦日）と記されている。また大名の毛利輝元が国元の家臣に宛てた書状にも、「内府様将軍に成せられ、秀頼様関白に御成の由」（慶長八年正月一〇日付書状）とあって、家康は将軍に、秀頼は関白になられるとの情報を伝えている。

実際には、秀頼は関白ではなくて内大臣になるのであるが、その内大臣宣下の勅使が大坂へ派遣されたのを見て、相国寺鹿苑院主の西笑承兌《せいしょうじょうたい》は「予これを察するに、関白宣下のための勅使ト云々」（『鹿苑日録』慶長八年四月二二日条）と、この勅使を秀頼の関白宣下のそれであろうと推測していた。

すなわち秀頼が成人した暁には、先述したとおり天下の主になるというのは既定の路線であり、さらにそれは関白就任というかたちをとるであろうことを当然の諒解としていたということであった。

このように秀頼の関白任官の可能性については、武家社会でも公家社会でもごく自然に受け止めていた。それゆえ、先の慶長六年の公家日記にあった「摂家へ返さるる」という語句を、豊臣家の関白就任の途が消滅したというように解してしまっては、この事態の説明がつかないであろう。

ところで、このように武家・公家を問わず、秀頼の関白就任の可能性をごく自然なかたちで受け止めているのであるが、研究者の中には、どうしてもこのような事実を認めたくないという向きもあるようで、「秀頼の関白任官の途がなくなったことを知らない人がいるようだ」などという論述を平然と行っている。

この秀頼の関白就任を伝えている人物とは、醍醐寺三宝院門跡の義演、相国寺鹿苑院主の西笑承兌という豊臣・徳川両政権の中枢に位置した高僧、そして大名の毛利輝元である。彼らが、この種の問題の事情に無知であったなどという、無神経な論述をすることにただ驚かされる。

日本歴史のスタンダードをなしていると一般に受け止められている論集において、このような議論が堂々と語られていることに驚きと憤りを禁じ得ない。歴史学に対する冒瀆と言うほかはないのではないだろうか。

断っておきたいが、私の議論に対して批判的であるからという理由で指弾しているわけではない。合理的な根拠をもった批判、反対意見は大いに歓迎である。それらは歴史認識を深化させ発展させる契機をはらんでいるからである。

しかしこれは違う。『義演准后日記』や『鹿苑日録』、そして毛利輝元の書状といった第一級の史料の記載内容に対して、「事情をよく知らなかったのだろう」といった一言でこれを全否定してしまうがごとき態度を許したならば、もはや歴史学は成り立たなくなってしまう。

つまり議論をしていて、自説にとって都合の悪い史料が出てきたとき、「事情をよく知らなかったのだろう」という類の一言でその史料を否定し退けてしまうような状態を想像してみればよい。もしも、そのような手法が野放しにされ、研究世界に弥漫《びまん》していくならば、それがどんなに恐ろしい状態の出現であるか、ただちに理解されることであろう。それゆえに、このような手法および表現は学問に対する破壊行為として、二度と使われることのないように厳しく弾劾されなければならないと考える。

関ヶ原合戦ののちの政治体制は、当時の表現に「太閤様御置目の如く」と称せられるとおり、秀吉が構築した豊臣公儀体制は解消されることなく、そのままのかたちで持続していた。

したがって秀頼と豊臣家の権威的地位もまた変わりなく尊重されており、秀頼が成人した暁には自ら政権の主宰者として全武士領主を統率するというのが自明の前提として武士領主たちの間では諒解されていた。そしてそのとき、秀頼は関白に任官することによって政権の主宰者たる地位を制度的に明確にするものであろうという認識もまた、当時の社会では至極当然なこととして受け止められていた。慶長八（一六〇三）年に秀頼が正二位内大臣に叙任されるに際して、世上ではこれを関白就任と受け止めるほどに、その通念はゆきわたっていたのである。

以上、本節で確認したことを要約すると、関ヶ原合戦ののちも豊臣公儀体制は健在であり、秀頼と豊臣家の権威的地位にもゆらぎはなかった。朝廷官位で見るならば、秀頼の官位は同合戦ののちも順調に昇進し、そして慶長八（一六〇三）年四月の正二位内大臣へと至るという姿を示している。

以下の節で検討すべきは、このような豊臣公儀体制はこれ以後のいずれかの時点において解消・消滅していくものか否かという点である。豊臣公儀体制が消失してしまうならば、その時点で私の言う二重公儀体制も消滅してしまうことになる。また逆に、豊臣公儀体制がどこまでも持続健在であるならば二重公儀体制は存続することとなる。

この豊臣公儀体制の持続の存否という観点に重きを置いて、以下の諸問題を検討していきたい。

2節　家康の将軍任官はどのような意味を持つか

1　家康の将軍任官

慶長八（一六〇三）年二月一二日、京の伏見城にあった家康は、将軍宣下の勅使を迎えて征夷大将軍に任官する。これによって徳川幕府が成立したとされるのであるが、この家康の将軍任官はどのような意味を有するかを検討する。

従来の歴史像においては、家康は関ヶ原合戦で勝利をおさめることによって天下の覇権を掌握した。その三年後に行われた征夷大将軍の任官と徳川幕府の開設は、事実において確立した天下支配を、伝統的な権威の裏づけをもって制度的にこれを確定し、永続化せしめたといったような意義づけになるであろうか。

しかしながら、前章で詳述したように、関ヶ原合戦における家康率いる東軍の勝利は、家康および徳川の勝利には必ずしもつながっていなかった。戦いの果実は、あらかた家康に同盟した豊臣系武将たちに持っていかれてしまい、徳川の取り分は関八州と東海道沿道諸国、そして越前国ぐらいなもので、国数にして二〇か国ほど、日本全国（六六か国から成る）の三分の一ほどにすぎなかった。
しかも、戦後社会における政治体制は「太閤様御置目の如く」という当時語られた表現の示すように、秀吉の構築した豊臣公儀体制の政治秩序がそのままのかたちで存続していた。秀頼と豊臣家の権威的地位も従前と変わりなく尊重されており、秀頼はいずれ成人した暁には公儀の主宰者として政権を掌握し、全国の武士領主を統率することになるであろうという想念が社会において共有されていた。

それが関ヶ原合戦後の現実であった。そこにおける家康の存在意義はどのようなものであったろうか。関ヶ原合戦後における全国的な領地配分を取り仕切ったのは家康である。また武士領主たちも家康の指揮命令によく従っており、それは豊臣系武将たち——加藤清正、福島正則、黒田長政、山内一豊ら——も含めて家康の統率にゆるぎはなかった。

しかしながら前節で見たように、関ヶ原合戦後における家康の政治的地位というのは豊臣公儀体制のもとにおける大老としての立場を抜け出るものではなかった。実力において第一人者であることは疑いのないことであったが、当時の政治秩序の中では豊臣秀頼の臣下としての地位にとどまっていた。

家康の征夷大将軍任官ということの政治的意味は、このような境遇を脱して、自己と徳川家とを頂点とする永続的な支配の体制を構築しようとしたところにある。そして従来の豊臣公儀体制のもとにいた武士領主たちを、新たな徳川将軍を頂点とする公儀体制のもとに編入するならば、家康としてはまずは目的成就ということになるであろう。

2 家康将軍就任後の豊臣家と秀頼

(1) 二つの政治体制の成立

それでは、このような状況を迎えて秀頼と豊臣家の政治的地位はどうなるのであろうか。今度こそ、徳川支配体制のもとで一大名に転落したことになるのであろうか。

重要な点は、家康は秀頼の存在を否定ないし抹殺して征夷大将軍になったのではなく、秀頼の支配体制から離脱するかたちで新たな政治体制を構築したということである。すなわち、秀頼と豊臣家を頂点とする豊臣公儀体制はそれまでどおり存続したままに、家康はそれと別個に新たな政治体制をそこから分出させたということである。こうして、二つの政治体制が併存することになった。

従来の年表や日本史の概説書では「一六〇三年に江戸幕府の成立」と記されている。このような表現が、すでにわれわれの頭に一つの固定観念を与えてしまう。江戸城の中に全国統治を司る巨大な政府機関・官庁が成立したというような刷り込みである。しかし現実にはそのようなもの

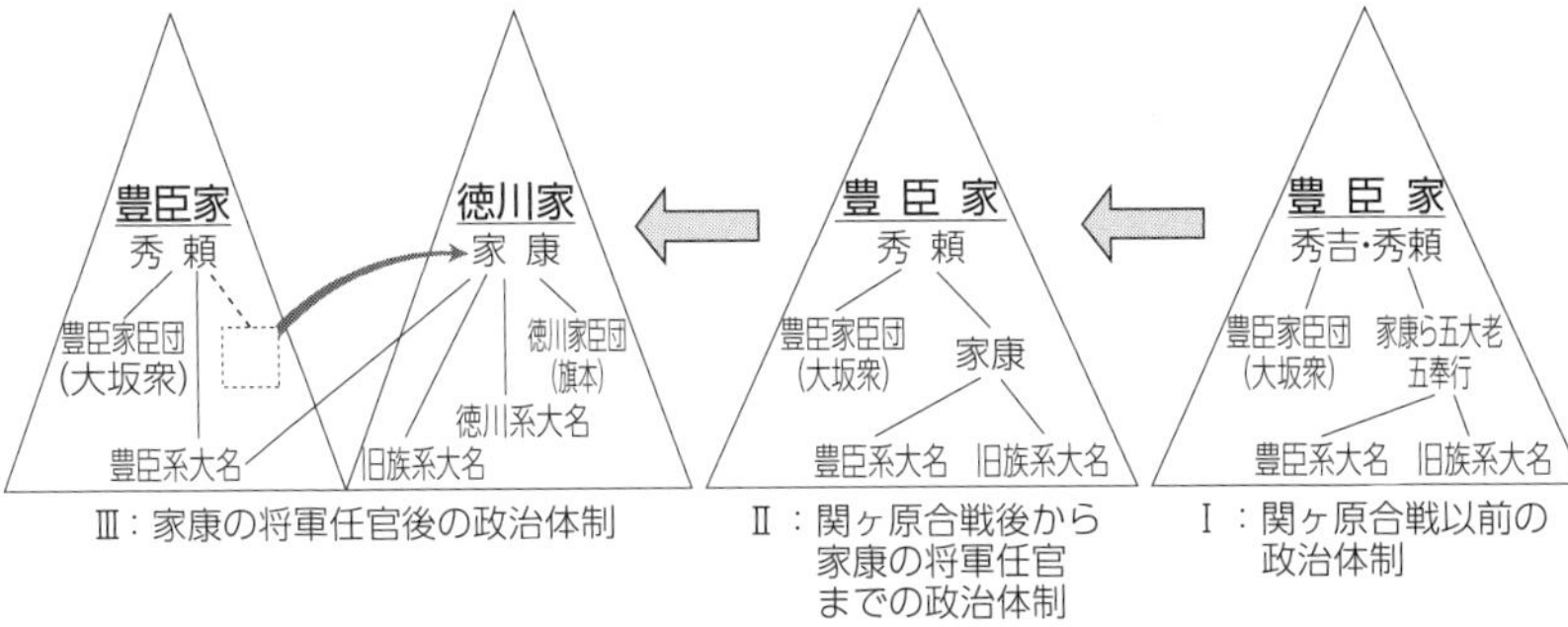

図6　関ヶ原合戦以前から家康将軍任官後までの政治体制の変遷

は存在していない。現実にこの一六〇三年に生起した事実を直視するならば、それは以下のような状態であると整理できる。

慶長八（一六〇三）年二月一二日（「一六〇三年二月一二日」ではない！）、伏見城にあった家康のもとに後陽成天皇の勅使が派遣されて征夷大将軍の宣下がなされたことを伝える。これは宣旨《せんじ》と呼ばれる官位叙任の公文書の交付をもってなされる。こののち家康は京洛に新築なった二条城に入り、それより天皇御所に参内し後陽成天皇に拝謁して、将軍任官の御礼を言上する。これに対して、天皇からは祝賀の三献の盃を賜るというかたちをもって任官拝賀の儀式が執り行われ、これで家康の征夷大将軍任官が正式に確定することになる。

そしてそれからの家康はというと、伏見城に戻り、そこでそれまでと変わりなく諸政の決済、執行を命ずるといった具合である。それだけのことである。執務の万般は側近の本多正純が取り仕切るという体制に変化はなく、「幕府」という言葉から連想されるような巨大官庁が形成されるわけのものでもない（そのような巨大官庁が江戸城内に形成されるのははるか下った一七世紀の終わり、元禄時代以降のことである）。

そもそも家康は専ら京都郊外の伏見城に居して、ここで政務を執っているのであって、江戸で政治を行っているわけではない。この基本的な事実すら、しばしば見落とされがちである（家康が将軍になるのは、江戸ではなくて京においてなのである）。関ヶ原合戦のあとでも、家康が将軍に任官してからでも、政治の中心は依然として京であった。これらのことを直視するならば、「一六〇三年に江戸幕府が成立した」という世間に流布している言説が、いかに現実と乖離しているかが明らかではないだろうか。

つまり一六〇三年に生じた出来事の実態は、家康が征夷大将軍という権威を獲得したということのみである。それ以上でもなければ、それ以下でもない。われわれはその事実を直視するとともに、この権威がどのような作用を及ぼすものであるか――特に豊臣家と秀頼との関係の上においてー―を、予断を排して注意深く観察しなければならないということである。

(2) 豊臣恩顧武将の思いと二重公儀体制

さて家康が征夷大将軍という地位を得て豊臣公儀体制から離脱をしていったあとの秀頼と豊臣家の政治的地位および権能がどのようなものであったかを観察する必要がある。すなわち、関ヶ原合戦以後も持続していた豊臣公儀体制は、この家康の将軍就任によって解消、ないし幕府体制のもとに包摂されてしまうことになるのだろうか。この点の確認が、ここでの課題となる。

豊臣公儀体制の傘下にあった武士領主が、家康の将軍任官に伴って家康の支配下に置き換えられていくことは秀頼と豊臣家にとって痛手には違いなかったが、加藤清正、福島正則、浅野幸長らといった豊臣恩顧の武将たちは将軍家康の統率には従ったけれども、それは豊臣家を見限って家康の家臣となったのではなく、豊臣家と秀頼に対する忠誠は保持した上で家康の統率に従っているのであり、彼らは二重の支配関係に身を置いていたということである。

ことに関ヶ原で家康に与同してその勝利に多大の貢献をなし、そののちも家康に随従してきた福島正則、加藤清正、浅野幸長以下の豊臣系諸大名は、家康個人の武将としての器量に惹かれ、家康が彼らの大名領主としての運命を託すべき指導者であることは認めていたが、しかしながら豊臣秀頼に対する忠節はこれと別個の問題として、彼らの間では持続されていた。それは家康の将軍任官によっても変わることはなく、秀頼は依然として彼ら豊臣大名たちの主君であった。

3節　豊臣・徳川の東西分有による二重公儀体制

従来の通念とは異なって、関ヶ原合戦によっても豊臣家と秀頼の権威的地位に変更はなく、「太閤様御置目の如く」と認識されていたように、豊臣公儀体制にゆるぎはなく、家康はあくまでも豊臣公儀体制の大老でしかなく、幼少秀頼の政務代行者でしかなかった。幼少の秀頼は、成人の暁には政務代行状態を脱して自ら政権を主宰する存在として認識されていた。

それでは、そのような状態から家康が離脱をして、征夷大将軍の地位に就いて、自ら政権を主宰する徳川公儀体制を樹立したこの慶長八年以降、豊臣家と秀頼の政治的地位はどうなってしまうのだろうか。豊臣公儀体制は解消されて、秀頼は一大名の地位に転落してしまうのであろうか。この問題を以下に見ていこう。

1　豊臣秀頼の正二位内大臣任官　―関白就任への途

家康は慶長八（一六〇三）年二月に征夷大将軍に任官した。それより二か月後の同年四月、こんどは秀頼が朝廷官位において正二位内大臣に叙任される。これは何を意味するのであろうか。

豊臣政権の時代から、主要な武士領主は朝廷から正式に官位を叙任されるかたちが一般的となり、朝廷官位の序列が武士領主の序列を決定する第一基準とされた。そこには秀吉が、「従一位関白太政大臣」という朝廷官位秩序の最高位を占めた上で、その権威を背景として家康をはじめとする全国の武家領主を官位体系に組み込むことによって、自己の支配下におさめてきたという経緯があった。

そして豊臣秀頼である。秀頼は、秀吉が亡くなる直前の慶長三（一五九八）年四月に、わずか六歳にして従二位中納言という破格に高い官位に就いている。いうまでもなく、死期を悟った秀吉が秀頼の将来を慮っての措置であった。当時の戦国大名の系譜をひく最高クラスの大名でも従三位中納言あたりであるから、秀頼に託されたものがいかに大きかったかが知れよう。

そして注目すべきことに、関ヶ原合戦が終わったあともなお、秀頼の官位は昇り続ける。慶長六（一六〇一）年三月には中納言から大納言に昇進し、翌七年には今度は位が正二位に上がり、そして慶長八年四月には大納言から内大臣へ昇進し、秀頼の官位は正二位内大臣となる。(注12)この事実はきわめて重要であり、決して見落とされてはならない。

このような朝廷官位のとどまることなき昇進は、前述したように、関ヶ原合戦ののちもなお「太閤様御置目の如く」と呼ばれる体制が持続しており、秀頼の権威的地位が変わることなく安泰であり、かつ将来的に政権の主宰者たる存在であるという武家社会の認識を裏づけるものなのである。

だが、いま家康が征夷大将軍に任官することによって、政権の主宰者の地位は家康に移ったかに見える。この点はどうなるであろうか。

そこに正二位内大臣叙任の意味がクローズアップされてくる。正二位内大臣とは何か。それは秀頼にとって、関白という地位に就くための資格が彼に与えられたことを意味している。これは彼の父である秀吉が天正一三（一五八五）年に関白に任ぜられた時点の官位が正二位内大臣であったということ、さらにその養子となった豊臣秀次が同一九（一五九一）年一二月に正二位内大臣に叙任されたのちに関白に任ぜられているという、二つの豊臣家の先例からして文句のない条件充足であった。(注13)

藤原摂関家、すなわち近衛・鷹司・一条・二条・九条の五摂家の場合に即して、それぞれの関白任官事例を顧みるならば、正二位内大臣からの任官事例はごく少数にとどまり、やはり右大臣ないし左大臣からというのが一般的ではある。ただ豊臣家に関しては、秀吉・秀次と二代にわたって内大臣からの関白任官という先例が成立している以上、秀頼の内大臣就任で問題ないということになる。

そして実際、先述のとおり世上ではこの慶長八（一六〇三）年に秀頼が関白に就任するという噂で持ちきりであった。「秀頼卿関白宣下之事、仰せ出ださると云々、珍重々々」（『義演准后日記』慶長七年一二月晦日)、「内府様将軍に成せられ、秀頼様関白に御成之由」(慶長八年正月一〇日付、毛利輝元書状)とあって、家康は将軍に、秀頼は関白になられるとの情報が伝えられていた。

実際には、秀頼は関白ではなくて内大臣になるのであるが、その内大臣宣下の勅使が大坂へ派遣されたのを見て、相国寺鹿苑院主の西笑承兌は「予これを察するに、関白宣下のための勅使ト云々」(『鹿苑日録』慶長八年四月二二日条)と、この勅使を秀頼の関白宣下のそれであろうと推測するといった具合であった。

(1) 関白と征夷大将軍との権威の差

しかし秀頼の地位が高く、関白資格を得たとしても、家康は征夷大将軍に就任したのだから、政権が家康に帰属することになったことは動かしようがないのではないかと、多くの人は受け止めるようである。それは征夷大将軍の地位は圧倒的であり、関白を凌駕する権威を有しているという先入観があるからである。

しかしこのような権威の優劣についてのイメージは、徳川時代二百年余の間の状態を見て刷り込まれたものであることを想起しなければならない。われわれが今日抱いているような征夷大将軍の権威的地位の高さというものは、家康がそのように設定して形成されていったものなのである。

いま問題となっている慶長八（一六〇三）年のあたりにおける征夷大将軍の権威的地位はどれほどのものであったろうか。それには，それに先行する足利将軍家における征夷大将軍の地位を観察すれば明らかとなる。歴代の足利将軍は、どれくらいの官位の段階で征夷大将軍に就任していたのであろうか。第三代将軍の足利義満以降を見た場合、ほぼ「正五位下」（一部、「従四位下」が見られる）を慣例としていたことがわかる。(注14)「正二位内大臣」以上を必須とした関白の地位との差は歴然としているではないか。

おそらく、多くの人は目を疑うことであろう。何かの間違いではないのか、征夷大将軍が単なる五位でしかないとは、と。もちろん歴代の足利将軍は、その最終官位は一位や二位の大臣まで昇っては行く。しかしながら征夷大将軍に任官するのは正五位下のときであり、ここから征夷大将軍は正五位下の身分に相当する官職として、当時の社会において認識されていたことが知られるのである。

現代の人たちには、関白よりも高いと思われがちな将軍（征夷大将軍）の地位であるが、所詮は地方の蛮族を平定することを目的として派遣される軍事司令官というのが征夷大将軍なのであるから、任命される人間は貴族の入り口である五位ぐらいの身分で充分だということであろう。

将軍（征夷大将軍）の地位がきわめて高いというかたちを整えたのは、家康以降の歴代徳川将軍である。将軍の嫡男は大納言、そして征夷大将軍に任官するときは、同時に正二位内大臣の官位を併せ持つという慣例を作る。つまり関白任官に準ずるという体裁を整えたのである。

われわれが征夷大将軍を、関白などを軽く凌駕する至高の存在のような印象を持つのはここに由来している。このような体制がそののち徳川二六〇年にわたって再生産されたこと、そして内実を見た場合、公家の関白と徳川将軍とでは力の差は歴然としていること、そこから関白よりも征夷大将軍の方が圧倒的に格上の地位であると思い込むようになっていったのである。

しかし今われわれが問題としている、関ヶ原合戦後の慶長八年といった時点で見たとき、関白は征夷大将軍よりも、はるかに上位にある地位であることを認識しなければならない。関白は正二位内大臣相当であり、征夷大将軍は正五位相当だということを、充分に踏まえておかねばならないということである。

すなわち家康が将軍に任官したことによって、武士社会の権力と政治的価値の一切を掌握して支配下に置いたようなイメージを抱くということは、厳に戒められなければならない。つまり将軍の存在を、天下を支配する絶対のものとする通念に縛られている人は、いつまでたってもこの時期の政治体制を正しく理解することはできないということである。

この慶長八（一六〇三）年、家康は征夷大将軍に任官することによって、豊臣公儀体制から離脱をして、自己を頂点とする新たな政治体制──徳川公儀体制──を構築した。この場合、そのようにして家康の離脱を見た豊臣公儀体制は、どのような位置づけになるかが問題となる。これによって豊臣公儀体制は消滅してしまうのであろうか。

ここに秀頼の関白任官問題の重要性がある。このとき、秀頼はまだ一一歳ということもあって、実際には関白には就かなかったけれども、正二位内大臣に叙任されたことで、いつでも関白になれる条件が整えられたことを天下に示しているわけである。実際、世間の側でも秀頼はこのときに関白任官と誤認していたほどであるから。

将軍を凌駕する地位である関白への就任可能性を備えた秀頼の権威が、いや増して高まるのは必至であるから、家康が離脱したあともなお、豊臣公儀体制は秀頼の関白就任への期待を高めることによって依然として健在であった。

(2) 秀頼と千姫との婚儀 ──家康構想の二重公儀体制への願い

そしてこの慶長八（一六〇三）年には、いま一つ重要なイベントがあった。家康の孫娘千姫の大坂城入輿、すなわち秀頼との婚儀である。(注15) 同年七月、伏見にあった千姫は徳川の大船団を従えて淀川を御座船で下って大坂城に入った。これには千姫の実母お江の方も同道し、大坂城において長姉淀殿と久方ぶりの対面を喜んだ。つまり秀頼と千姫との婚儀は母方いとこ婚であったということだ。

この千姫入輿の意義はどこに求められるべきか。家康はどのような思いで、千姫を秀頼に嫁がせたのであろうか。

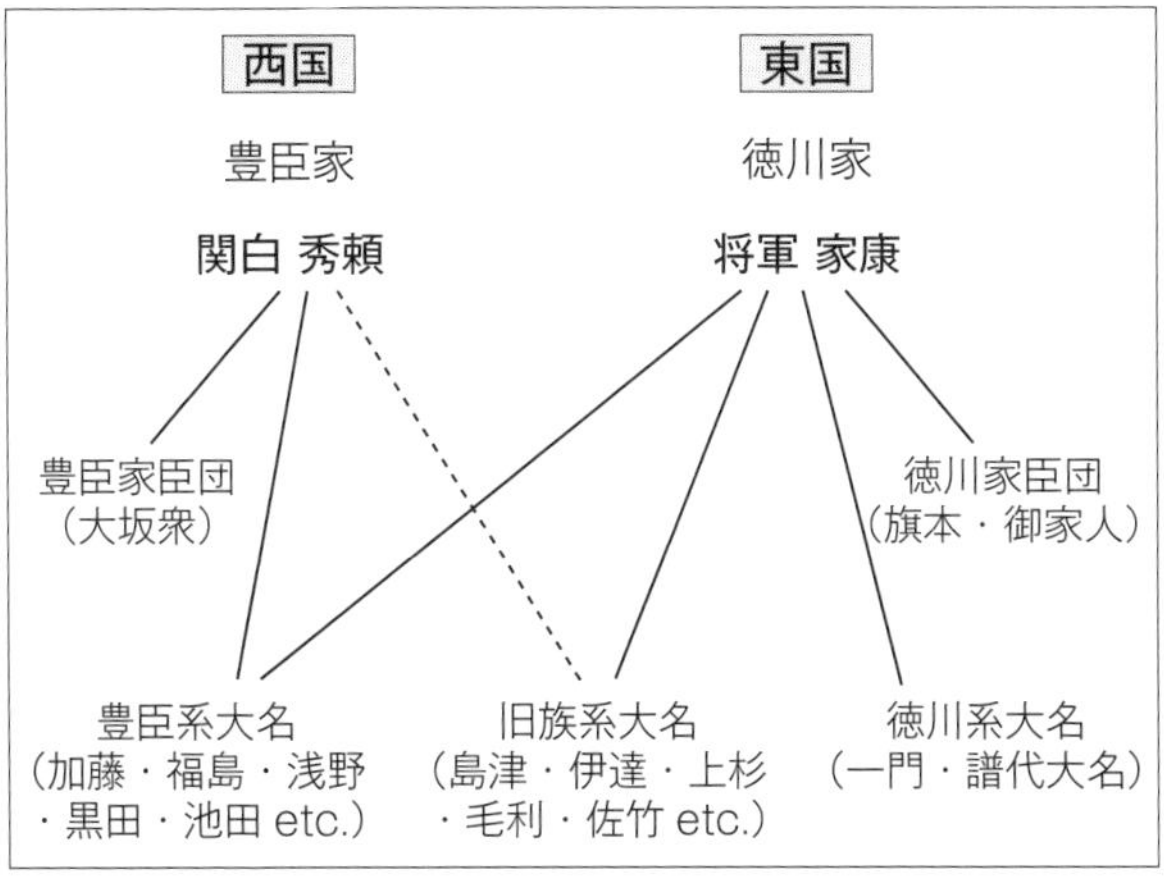

図７　慶長年間の二重公儀体制

旧来からの「秀頼一大名転落」説からするならば、このような婚儀をわざわざ執り行う必要を見いだせなくなってしまう。せっかく一大名に転落した豊臣家と秀頼に対して、その権威の復活を手助けするような仕儀になってしまうではないか。

家康がこの婚儀に込めた意義は、豊臣家と秀頼に対する好誼であり、従来からの豊臣公儀体制の権威に対する尊重であり、婚儀を通した徳川家と豊臣家との共存一体化の謂であったろう。

家康が構想し実現化していった国家構造は図７に示したとおりである。家康の国家構想の根本は、徳川の東国と豊臣の西国との東西分有による二重国制であった。それを端的に表しているのが、関ヶ原合戦後の全国的な領地分布のあり方である。

前述したように同合戦後の領地配分は家康の差配のもとに行われているが、そこに見られた顕著な問題は、徳川系大名の領地は近江国までにとどまり、京以西の西国には徳川系大名の領地は皆無であるという事実である。一〇万石クラスの大名はいうまでもなく、一〜五万石クラスの中小の大名についても、全く見ることができないのである。もしそのような中小規模の譜代大名複数を西国各地に配置しておくならば、徳川幕府にとって西国方面を統治し、軍事的反乱を防止するという観点からも有利であることは言をまたないであろう。

にもかかわらず家康は、京以西の西国には徳川系大名の領地を一切設けなかった。これの意味するものは何か。西国に対する不介入政策、これにほかならない。これを抜きにして、家康の施策の意味を説明できるだろうか。

京以西の西国は、これも前述のとおり豊臣系国持大名の領地が集中配置されており、さらに徳川譜代大名の不在という事実と併せ見るならば、京以西の西国は豊臣特別地域として位置づけられていたと考えるべきであろう。家康の西国不介入施策として理解すべきゆえんのものである。

以上が領地分布の観点からした東西二重国制の具体相であるが、これをベースにして、徳川と豊臣両家がそれぞれ東国と西国とを分有統治するような国制を、家康は構想していた。家康は将軍に就任するとともに、従来の豊臣公儀体制から離脱をして、自らを頂点とする徳川公儀体制を樹立したが、他方、従前からの豊臣公儀体制については、これを解消してしまうのではなく、それまでと変わりなく存続していくべきものとし、ただし支配領域を京以西の西国に限定し、東国を管轄域とする徳川公儀体制と棲み分けることによって、両者の共存共栄を目指すものとしたのである。

このような両公儀の共存共栄路線の証として執り行われたのが秀頼と千姫との婚儀であったと位置づけることができるであろう。

2 慶長一〇年五月～同一三年の政治情勢

(1) 秀忠の将軍就任と二重公儀体制

慶長一〇（一六〇五）年五月、家康の嫡子である徳川秀忠が、家康のあとを嗣いで二代目征夷大将軍になる。これをもって、「豊臣秀頼の天下人の芽は永遠に摘み取られた」と昔から言い古されてきた出来事である。

近年でも本多隆成氏は、「そこまでは二重公儀体制のような政治体制が存続していたと評価できるが、秀忠が将軍職を引き継いだことによって、そのような政治体制も消滅した」(注16)と指摘する。

つまり、この秀忠の将軍継承問題をめぐる先入観はきわめて根深いものであることがわかる。

繰り返し指摘しているとおり、豊臣家と秀頼が目指しているのは関白であって、将軍ではないからである。征夷大将軍職は徳川家で世襲していけばよいこと、豊臣家と秀頼が目指しているのは関白職なのである。

しかし多くの人は思うかも知れない。豊臣が関白であるにしても、所詮は征夷大将軍がそれを圧倒するであろうと。天下人というのは将軍でなければ意味がない、と。

しかしこのステロ化された強固な先入観が誤りのもとであることは、先述したところでもある。将軍が関白を圧倒するのは、徳川二六〇年の間に形成された観念であり、この慶長年間までの歴史においては正反対であったということである。

さらに、それのみならず秀忠が第二代将軍となった同じ慶長一〇年四月、秀頼は内大臣から右大臣に昇進している。これももちろん家康の配慮によるものであって、徳川家における将軍職の継承という盛事とバランスをとるかたちでの、秀頼の右大臣昇進である。

秀忠の将軍任官を祝賀するために京へ参集していた全国の武士領主たちは、秀忠の行事が終わったのち、今度は大坂城に赴いて秀頼の右大臣昇進に慶祝の意を表している。(注17)

これらの姿は、従来の「秀忠の将軍継承によって、秀頼の天下人としての芽は摘み取られてしまった」という通念とは大きくかけ離れたものであることを示している。朝廷官位の観点から見たとき、秀忠がこの将軍就任に伴って正二位内大臣となっていたのに対して、秀頼は正二位右大臣へ昇進しており、豊臣秀頼の地位は現任将軍のそれを凌駕していたのである。

(2) 慶長一一年、江戸城天下普請

先述のように本多隆成氏は、筆者のいうような二重公儀体制は慶長一〇年の徳川秀忠の将軍継承までの時期に限られると主張されるが、以下の事実はそれを明確に否定している。

すなわち秀忠が第二代将軍となった翌年の慶長一一（一六〇六）年、幕府は全国の諸大名を動員して将軍の居城である江戸城の大改造に乗り出す。ところが動員されている諸大名の中に豊臣秀頼の名前を見ることはない。これが第一の問題である。

しかしさらに驚くべき事実がここには伏在していた。この江戸城の大普請に際して八名の普請奉行（工事の管理監督官）が任命されていたが、八名のうち四名は将軍秀忠の家臣、二名は大御所家康の家臣であるが、残りの二名は豊臣秀頼の家臣である水原石見守と伏屋飛騨守であった(注18)。

将軍の居城の天下普請に際して、豊臣秀頼はその家臣を工事監督官として送り込んでいたということである。この普請では駿府の大御所家康のもとからも二名の普請奉行が送り込まれていたから、秀頼は家康と同格のかたちをもって、この江戸城普請に監督者の立場で臨んでいたことになる。

大坂城の普請に徳川の家臣が監督官として送り込まれたという事実は存在しないので、この江

戸城普請への秀頼家臣の派遣というのは一方的なものであり、その事実はきわめて重い意義を有すると言わなければならないであろう。

そしてこの出来事は、慶長一〇年における秀忠の将軍継承よりあとのことなのである。しかも、あろうことか将軍の居城である江戸城の普請に際してのこと。全国の諸大名が参集している江戸城の普請現場において、豊臣の家臣二名が家康の家臣と同格の工事監督官として見回っている状態を想像してみればよい。

豊臣家と秀頼の権威がいかに高いものであるかが、誰の目にも明らかではないであろうか。この事実を目の当たりにするとき、豊臣家と秀頼が一大名に転落したなどという認識がいかに的外れのものであるかが諒解されるであろう。

そしてまた慶長一〇年の秀忠の二代将軍就任をもって、秀頼と豊臣家の天下人の芽は永遠に摘み取られたとする類の認識の誤りもまた明らかであろう。

3　慶長一三年以降の政治的危機　――家康の政策転換

ところが、これほどまでに秀頼と豊臣家を立てるというスタンスを取っていた家康の態度が一変するときがやってくる。それは慶長一三（一六〇八）年のことであった。

(1) 徳川譜代大名の丹波移封

この慶長一三年に、丹波国八上城主前田茂勝が発狂により改易されるという処分があった。ところがそのあとには、常陸国笠間城主であった譜代大名の松平康重(三万石)が封を移されて入部してきた。

これは画期的なことであった。関ヶ原合戦後より既に八年が経過しているが、ここに至るまで、京から西に徳川譜代大名が入ることは一切なかったのである。

それが、このときはじめてその慣例を破って譜代大名が京以西の丹波国に入ったのである。そして翌一四年、家康はこの松平康重を八上から同国篠山の地へ移し、池田輝政らの外様大名を動員する天下普請の方式で広大堅固な篠山城を築造させた。

篠山の地は丹波国の中心に位置して山陰方面にも監視の目が行き届くとともに、街道に沿って東南に進めば摂津国尼崎方面へも、また篠山川を西へ下れば播磨国加古川方面へも、いずれも展開が容易であり、山陽道方面に対しても幅広くにらみを利かせることができる。

さらに家康は、同一四年に同じく譜代大名の岡部長盛を三万二千石で同国亀山(現、亀岡)に移封し、こちらも天下普請をもって強大な亀山城を築いた(同一五年に完成)[注19]。こうして丹波国の篠山城と亀山城とが連繫することになり、さらに京の伏見城と呼応することによって、山陰道および山陽道の双方を扼《やく》するとともに、豊臣秀頼のいる大坂城に対する包囲網を形成することとなる。

また、慶長一三（一六〇八）年には、伊賀国を領した筒井定次が行跡不良のゆえをもって改易の処分となり、また伊勢安濃津城の富田信高が伊予今治に移封されることで、豊臣大名ながら家康の信任の厚い藤堂高虎が、伊予今治から伊賀・伊勢両国二二万石余で安濃津城へ入る。

これら慶長一三年以後に見られる一連の処置は、関ヶ原合戦後からとられてきた、家康の西国不介入主義というポリシーの明らかな転換であり、これら一連の施策が大坂城の豊臣秀頼に対する敵対的な包囲戦略であることは明確だろう。家康は従来の融和策を投げ捨てて、豊臣秀頼との対決に踏み切る覚悟を決めたようである。

(2) 西国不介入政策転換の背景

この慶長一三（一六〇八）年の政策転換は何ゆえに生じたのであるか。これは何を意味するであろうか。ここに至るまでの家康の豊臣家と秀頼に対する態度は、一般に抱かれているような通念とは大きく異なっており、豊臣家と秀頼の立場と権威を一貫して尊重するというものであった。

家康が将軍となると、同時に秀頼を内大臣に昇進させて関白任官の条件を整え、嫡男秀忠に将軍職を譲ったときには、同時に秀頼を右大臣に昇進させて、現任将軍の秀忠より高い地位を用意した（将軍秀忠は正二位内大臣）。

さらに慶長一一（一六〇六）年の将軍の居城である江戸城の天下普請に際しては、豊臣秀頼の家臣二名を工事監督官である普請奉行として迎え入れるという、今日のわれわれからすると信じられないほどまでの豊臣家に対する恩遇である。そして例の、京以西には一切徳川系大名を入れないという領地配置に関する施策と配慮である。

それほどまでに豊臣家と秀頼の立場を尊重してきた家康が、何ゆえに慶長一三年に入ると、突如としてそれまでの友好的態度を翻して敵対的行動に出るに至ったのか。この変化は極端である。慶長一一年とこの同一三年の間に、このような劇変をもたらすどのような事情が存在したのであろうか。

① 駿府城焼失事件

この間に一つの気にかかる事件—そしてそれはその当時からも囁かれていたことなのである—がある。慶長一二年、家康はそれまでは専ら京の伏見城にあって政務をとっていたのであるが、この年に駿府へ居を移すこととし、それに伴って五層の天守をもつ豪壮な駿府城が同年暮れまでに完成し、家康もこの新城に入った。

ところがその直後に城内で火災が発生し、新築なった駿府城は天守も本丸御殿もことごとく烏有に帰してしまったのである。家康も焼死の危うきに陥ったのであるが、かろうじて難を免れる

ことができた。（注20）

家康のショックもいかばかりかと思いやられるが、それに追い打ちをかけるように、この火災は豊臣方の手の者による仕業であり、家康を焼き殺さんがための謀計であったのではないかという噂が立った。証拠はないことであるが状況的にはありうるということ、そして何よりも焼失したものの巨大さに対するやり場のない憤りから、勢いその種の疑心暗鬼がうごめき始めるのはやむを得ないことだろう。

おそらくはこの駿府城焼失事件が、慶長一三年から顕著となる家康の対豊臣施策急変の背景ではないかと思われる。だが根本的には、この事件を待つまでもなく、家康が設計した豊臣・徳川二重公儀体制という国制構造に根本的な矛盾が伏在している。その矛盾の構造については後述するところであるが、この駿府城焼失事件は、その一つの顕現であったとも言いうるであろう。

② 徳川と豊臣の険悪化

いずれにしてもこの慶長一三年には、京以西には徳川系大名の領地を設けないという関ヶ原合戦以来の原則を破って、はじめて譜代大名の松平康重を丹波国に入れ、翌一四年からは天下普請でもって譜代大名の堅城を相次いで築造して、徳川の軍事拠点として豊臣の大坂城に対する包囲戦略を明確にした。

こうして徳川と豊臣の関係はきわめて険悪なものとなり、豊臣系大名といえども大坂城に近づくことを憚るようになった。秀頼が慶長一三年に疱瘡で病が篤くなったとき、福島正則は大坂に来たって秀頼を見舞い、また西国の外様大名である毛利や島津からも見舞いの使者が送られたが、いずれも家康を憚って表向きは伏せるかたちでなされていた由であった。(注21)

4　慶長一六年三月、家康と秀頼の二条城会見

この険悪な対立状況の中にあって、加藤清正ら豊臣系大名たちは心を痛めていた。両者の和解がどうあっても必要であった。だが、どのようにして。家康と秀頼との直接会談が有効ではあろう、しかしそれはどのようにすれば可能であろうか。

慶長一六（一六一一）年三月、家康は上洛して京にあった。これは同月に催行が予定されていた後水尾天皇の即位式に立ち会うためのものである。前代の後陽成天皇が秀吉の擁立した豊臣政権のための天皇であったとするならば、後水尾天皇はまぎれもなく家康が擁立した徳川政権のための天皇であった。

家康はこの上洛した機会に秀頼との会談を希望した。あるいは清正らが両者和解の会談を家康に働きかけたことによって、そのような運びになったとも解される。発議者が誰であれ、この機

会に家康と秀頼との直接会談を実現させて、当面の険悪な状況を改善しようとするのは妥当な考えであったと言えよう。

(1) 秀頼の上洛

そこで家康の側から大坂城の秀頼に対して、上洛の要請がなされた。それは、多くの大名たちがそうしたように、後水尾天皇の即位の賀式への参列を理由とする求めであったかと思われる。

しかし秀頼の身に危害の及ぶことを恐れる淀殿は、この要請に強く難色を示した。しかしながら加藤清正や浅野幸長らは淀殿を説得し、このままでは豊臣家の滅亡につながるやも知れず、秀頼の御身は自分たちが身命を賭して守護する旨を切言することによって、かたくなな淀殿もようやく折れてこれに応諾することとなった。

三月二八日、大坂城を出た秀頼の一行は、御座船で淀川を遡上して伏見に到着したが、秀頼の姿を一目見ようと伏見の街は群衆で溢れかえったと伝えられている。大名衆は家康を慮って姿を見せなかったが、池田輝政は出迎えに現れ、いま一人、これは家康の意向を受けてであろう藤堂高虎の姿もあった。(注22)

それより陸行で洛中を目指すのであるが、秀頼の乗り物(大名駕籠)の横には、加藤清正と浅野幸長の両名が徒立ちでもって供奉警固をつとめた。秀頼の命は我が身に代えても守り抜くという強固な意志がそこに示されていたが、同時に、彼らは、そのような姿を沿道の群衆に見せることによって、秀頼の存在の至高性と、秀頼と豊臣家とに対する彼ら豊臣恩顧の武将たちの変わらぬ忠誠心とを表現しようとしたのであろう。

こうして秀頼一行は伏見より東山に沿って北上し、五条大橋を渡って洛中に入り、二条城において家康との会見に臨むこととなる。

(2) 家康と秀頼との対面

このときの会見の模様については、この時代の記録として定評のある『当代記』によって詳細に知ることができる(注23)。

『当代記』は作者不詳であるが、内容から徳川家に関係ある人物の筆になると解されており、記述内容については信頼度の高い史料として研究者の間では扱われている。そしてその上に、この二条城会見の記述は大変詳細である。筆者自身がその場に立ち会っていたのではないかと思われるほどに、細部にわたって入念に記されている。

われわれは、この詳細に記された二条城会見の模様を注意深く眺めることによって、この時期における家康と秀頼との政治的位置関係を知ることができるであろう。

廿八辰刻秀頼公入洛、則家康公の御所二条へ御越、Ⓐ家康公庭上まで出給ふ、秀頼公慇懃に礼謝し給ふ、Ⓑ家康公座中へ入り給ふ後、秀頼公庭上より座中へ上り給ふ、Ⓒまづ秀頼公を御成の間へ入れ申し、その後、家康公出御あり、Ⓓ互の御礼あるべきの旨、Ⓖ家康公曰ふと云共、秀頼公堅く斟酌あり、Ⓔ家康公を御成の間へ出し奉り、Ⓕ秀頼公は礼を遂げ給ふ、膳部かれこれ美麗に出来けれども、かへって隔心あるべきかとて、ただ御吸物まで也、Ⓗ大政所、これは秀吉公の北の御方也、出で給ひ相伴し給ふ、やがて立ち給ふ、右兵衛督・常陸介途中まで相送らる（後略）

これまでの研究では、これだけ詳しい描写のなされた史料があるにもかかわらず、きわめて漠然としたかたちで、「秀頼は家康に呼びつけられて二条城にやってきた」とか、あるいは「臣下の礼を余儀なくされた」といった類の説明しかなされないのが常であった。

この文章を読んだ上で、いったいどうして右のような認識が示されるのだろうか。困惑にとらわれるばかりである。ありえないこととしか言いようがない。

はじめから決めつけ的に答えが用意されているような、史料精読を抜きにした印象批評ではなく、語句の一つ一つを精密に読み解きつつ、生起した事態をめぐる事実関係を細部にわたって明らかにしていくことが必要である。それは実証主義史学の基本中の基本の態度である。

そしてここには、そのような空疎なステレオ・タイプの説明とは大きくかけ離れた、この時期の家康と秀頼との関係をめぐる、きわめて具体的で豊潤な情報がこめられている。この文章の一語一語を注意深く咀嚼して深く味わうとき、これらの語句にこめられている歴史の真実がその姿を表出してくれるのである。

文書、記録といった史料がわれわれに伝えてくれる歴史情報は、いつも豊かなものである。文字面の上に書かれていることも情報だが、そのような書きぶり（控えめな、驚きをもって、否定的・肯定的な、等々）をしているということも重要な情報である。さらには、その文書に書かれていない――意識的あるいは無意識であるとを問わず――ということ自体が重要なメッセージであることもある。また逆に、書かずもがなと思われることが、わざわざ書かれているという場合も同様である。そしてもちろん敬語や敬称の微妙な用語法。いずれも、決して見落とされてはならない要素と言ってよいであろう。

これがさらに現物の書状や示達書となると、文字遣い、書体（いわゆるくずし字の真・行・草書の別）、そして料紙という文書に用いる紙の種別や質感までもが問題となってくる（近世の料紙の種別については拙著『近世武家文書の研究』法政大学出版会、一九九八年 を参照されたい）。それらはメッセージの大海をなしているのであり、一通の史料から得られる歴史情報は限りなく豊穣である。

その豊かな、そして細部にわたる情報の数々を読み解く努力を放棄して、その一部の箇所の片言隻句のみを取り上げて、紋切り型、決めつけ型の論定をして顧みないとするならば、それは犯罪的であるとすら思えてくる。歴史学はそれを許すことは決してないであろう。

(3) 『当代記』を精読する

さて本史料に戻ろう。本史料に関して従前の通説が依拠したのは、傍線Fの「秀頼公は礼を遂げ給ふ」の部分だけである。確かにここには「秀頼公は家康様に対して拝礼をした」と記されている。だから、「秀頼は呼びつけられて臣下の礼を取らされた」のだという理解であろう。しかしこの解釈は、本史料のそれ以外の大半の部分の記述と、それらが伝えている重要な情報をすべて切り落とし、無視することによって作り上げられている虚像というほかはない。

本史料は豊かな情報を伝えてくれる史料の中でも、横綱級の情報宝庫と言えよう。はじめから終わりまで、一語として飛ばし読みできるような記述はない。すべての語句が重要な意味をはらみ、一瞬たりとも気を抜くことはできない。本史料のほとんどすべてに重要な傍線を引いた。そのすべてが、読み飛ばしを許さないような重要情報を発しているからである。

それら各傍線箇所の記述の意味するところは、おわかりになるだろうか。理解には、かなり努力が求められることになり、困難が伴う。それがこの重要な史料を紋切り型の扱いですませてきた事情でもあったかと思う。

本史料に記された家康と秀頼との会談の模様は、だいたい四段ほどから成っている。これを各段ごとに精読して記されている内容を明らかにすることから始めよう。

(4) 二条城会見の礼法1 ――庭上の迎接作法

第一段は、秀頼が二条城へ入来した場面。通常は、この史料が引用される場合でも省略される箇所なのであるが、以下に説明するように秀頼の存在性を示す最も本質的な問題が表出されており、とうてい省略などできる話ではない。この部分を省略した時点で、すでに誤謬に足を踏み入れてしまっていると言わざるをえない。

秀頼が二条城に至ったとき、家康は自ら庭上まで出てこれを迎え入れたとしている。何気なく読み過ごされているというか、多くの場合、この史料を引用する場合でもここの部分は「中略」というかたちで引用省略するのが常と言ってよいであろう。

そうではない、ここにすでにして重要な情報がこめられているのである。家康は庭まで出て秀頼を迎え入れたということ(傍線A)。今日のわれわれからすれば、家康はきわめてフレンドリーな態度を示したといった印象で受け止めるところであろう。しかしながら、そのような受け止め方をすることはすでに誤りなのである。この家康の所作は、あくまでも身分的な上下関係を含んだ迎接作法の観点から評価されなければならないからである。

そもそも甲が乙を訪ねるという場合には、ふつう三通りのものがある。第一は「参上」といわれる類で、部下や家臣筋の者が主君や長上の屋敷に行くというケース。第二に、単なる友達同士の間で行われる「訪問」という互いにイーブンの関係。そして第三に、主君や高貴な身分の者が家来や目下の者の屋敷に行く、「御成」と呼ばれるケースがある。

だから、甲が乙のもとに行ったから、乙が主人で甲が家来だというような即断は軽率のそしりを免れないところであり、その入来が右の三種類のうちのどれであるかを見極めなくてはならない。では、それはどうしたらわかるかというと、接遇や待遇のあり方、つまり迎え入れに伴う「礼」であるが、この接遇の「礼」を見ることによって甲と乙の関係がどういうものなのかがおのずとわかるのである。

つまり、ある人物甲が乙の家を訪れるという状態を考えたとき、その訪問者の行動と、それを迎え入れる側との所作は、両者の身分的位置関係によって決定されるのである。

① 家康公庭上まで出給ふ

両者が対等の身分関係にある場合の標準的なかたちを考えてみよう。このとき甲は乙の屋敷を訪れ、外門の門番に来訪を告げる。すると屋敷のしかるべき地位の者が出てきて甲を屋敷内に通す。この場合、門そのものは開かれることなく、門の潜り戸を通って屋敷内に入るのが一般的である。

そして玄関から建物内部に入る。玄関からは別の人間が案内役になるかも知れない。そして建物内の客間に通され、甲は指定された場所に着座する。それに合わせるように屋敷の主人である乙が登場して着座し、来訪者甲との挨拶に入るといった段取りになるであろう。

来訪者に対する迎接作法は、この標準的なかたちを基点として、両者の身分的位置関係によって厚礼、薄礼というふうに変形されていく。すなわち屋敷の主乙が、家来にまかせずに自ら玄関まで出て甲を迎えたとするならば、それは厚礼であり甲に対する尊重の念が表現されることになる。

この点を踏まえるならば、この二条城会見のおりに家康が庭まで出て秀頼を迎えたという所作の重要性が浮かび上がってくるわけである。ちなみに、さらに厚礼となると門の際ないし門外の位置で迎えるというかたちがある。これが最高級の敬意を表現する迎接作法である。家康が秀頼に対して示した敬意は、それに次ぐレベルと見なされるであろう。

ほかにどんなケースがあるか考えてみるに、同じ二条城を舞台として行われた寛永三（一六二六）年の後水尾天皇の二条城行幸。このとき、二条城の主である前将軍（大御所）の秀忠ならびに三代将軍の家光は、庭の中門まで歩み出て天皇の乗った鳳輦《ほうれん》を出迎えている。(注24)

このように、庭まで出て迎えるというのは主君筋の人間に対して行うきわめて丁重な礼法なのである。したがって、家康が秀頼にとった迎接作法は、「御成」のかたちを示しているということがわかるのである。

② 家康公座中へ入り給ふ後、秀頼公庭上より座中へ上り給ふ

さらに驚くべきことは、秀頼の二条城内の殿舎に入るその入り方である。この傍線Bの部分であるが、「家康公座中へ入り給ふ後、秀頼公庭上より座中へ上り給ふ」と記されている。この部分も通例は省略されてしまうようだが、実は尋常ならざる意味がこめられている。

この秀頼の所作を見るならば、庭から踏み石を踏んで室内に入っている。まるで子どもが他人の家に礼儀もわきまえずに入っていくようなイメージである。普通は座敷の中に入るのに玄関から入るのが当たり前であろう。これは何を意味するかというと、最も尊大なかたちを表現しているということである。

別に秀頼が無礼をしようとしているわけではなくて、秀頼と家康とはそういう関係だということを相互に認識し合い、かつ周囲に居並ぶ人々に表現しているということである。庭で出会った両者が建物の中に入るに際して、秀頼は庭からそのまま踏み石を踏んで内部に入ったが、この場合、家康は行動を別にしているから、普通に玄関から建物内部に入ったということである。

なぜ家康は秀頼を導いて玄関から内に入らないのであろうか。秀頼はなぜ、わざわざ家康とは

行動を別にして庭から直接に座敷へ入るという変則的な行動をとるのであろうか。この変則的な両者の行動を見落としてはならない。ここに秀頼と家康との身分関係が如実に物語られているからである。

『当代記』もわざわざ「庭上より座中へ上り給ふ」と記述している。この史料の筆者も、どのような接遇礼を取っているかということが大事だから、全部逐一落とさず事態を描写しているのである。ところがこれまでの研究では、その大事な記述をことごとく無視しているわけである。

二条城会見を指して、「秀頼が家康に呼びつけられた」とか、「臣下の礼を余儀なくされた」などという説明がこれまでなされてきたが、これらの庭上における迎接作法、そして何よりも玄関を使わず庭から直接に座中に入るという秀頼の所作に注意を払うならば、そのような説明が出てくる余地などあろうはずもないのだけれども…。

なお、家康が庭まで迎えたという事実、秀頼が庭から座中に入ったという事実は、ともに関係者多数の環視のもとになされていることなので、それらの発する礼法上の、そして政治秩序上のメッセージはいささかのまぎれもなく、この社会の人々に周知、諒解されていくこととなっていることにも留意しなければならない。

(5) 二条城会見の礼法2 —会見場所と座配

ここまで説明すれば、それに続く第二段、すなわち二条城殿舎内における秀頼と家康との対面状態がどのようなものになるかは、おのずから明らかであろう。

建物の中に入った秀頼は「御成の間」という同城御殿の最高の座席に通されている(傍線C)。「御成」とは貴人の来訪を意味し、「御成の間」とは貴賓室としての場所にほかならない。将軍の居城である二条城において「御成の間」となると、ここに通されうるのは将軍と同格である関白、あるいは天皇ぐらいしか考えられないであろう。そこに秀頼は通されているのである。これをもってしても、秀頼の抜きんでた格式の高さ—天皇ないし関白に比肩しうる—が如実に示されていると言ってよいであろう。

① 「御成の間」とはどこか

では、この「御成の間」とは、現在の二条城のどこに当たるのだろうか。今日見る二条城は寛永三(一六二六)の後水尾天皇の行幸に際して増築改修された第二次二条城である。最大の改修点は西の方面に倍近く拡張されて本丸がそこに設けられ、家康が慶長八(一六〇三)年に築城した第一次二条城の本丸部分(単郭構造であった)が「二の丸」と呼ばれるようになった。

そして殿舎の配置も一新され、今日見る雁行式の国宝・二の丸御殿のかたちになるのであるが、建築史研究者の見解では新築ではなく、第一次二条城の殿舎の配置替えが基本となっているとされている。(注25)つまり家康と秀頼が対面した「御成の間」は今日に伝存していることになり、その観点で眺めてみると、今日「勅使の間」と呼ばれている場所がそれに当たると考えられる。

この「勅使の間」というのは、二の丸御殿の拝観コースの最後のところに位置している北向きのこぢんまりとした、だが格調の高い雰囲気を持った部屋であるが、これが二条城の貴賓室に当たる。この部屋は北の庭に面しており、東大手門から入ったとき、通常の左回りではなく反対向きの右回りをすることによって、この北向きの庭に出る。そして「庭上より座中へ上り給ふ」と記されている秀頼の動き、つまり、北の庭から「御成の間」へ踏み石でもって縁側に入り込むという、この場所の位置関係とまことによく相即している。

②　家康と秀頼の座配

秀頼が御成の間に通され、次いで家康が現れて両者は対面する。さてこのとき、家康の座している位置はどこになるのであろうか。その答えは、この文章の最後の方にある「（秀頼は）家康公を御成の間へ出し奉り」という表現によって明らかとなる。秀頼の意思によって家康を御成の間へ出したということは、家康はそれまで御成の間にはいなかったことを意味している。つまり当初の座配では、秀頼は貴賓の場としての御成の間にあり、家康は単なる平間に座していたということである。

それに続く展開が重要である。家康は「互いの御礼」ということを秀頼に対して提案する（傍線D）。この語句の解釈がいちばん難しいのであるが、私は前後の文脈からして、「相互対等の礼法」と解するのが妥当ではないかと考える。当初座配では、秀頼が御成の間にあって上座、家康は平間にあって下座であるが、これを相互対等の礼的関係にもっていきたいということ、具体的には御成の間に秀頼と家康が左右に並んで、対等関係で礼的所作を行うというかたちにしませんかという、家康の提案（傍線D）であったと考える。これは礼法で「両敬」と呼ばれるもので、二者を上下関係ではなく、相互対等の関係に置くことである。

そうしたところ、秀頼はその提案を固く辞退して、家康を御成の間へ引き出し（傍線E）、自分は平間の側に廻り、そして家康に対して拝礼したというものである。これは全く秀頼の自発的な行為であった。

これを図示するならば図8のとおりであろう。つまり、

1　秀頼は「御成の間」に着座
2　家康登場、平間に着座
3　家康、秀頼に対して相互対等の礼を提案
4　秀頼、家康を「御成の間」へ出し、自分は平間に着座

5　秀頼、家康に対して拝礼

以上が、この『当代記』の記述が指し示している内容と思う。

しかしながら、秀頼は一大名に転落しているという旧説に固執する人々には、当初座配において秀頼が上座であったという点が、どうしても受け入れられないようである。「秀頼は家康に呼びつけられて、臣下の礼を強いられた」という通念から抜け出せないでいる。会見の場所も、「御成の間」などという貴賓室ではなくて、「遠侍」という家臣クラスの武士の待合い室でなければならないという固定観念。全く何の史料的根拠もないままに、ただ何となく、みんながそう言ってるからという最悪のパターンにはまりながら、旧説の誤謬の再生産を繰り返しているわけである。

そのような通念にとらわれている人は少なくないのであるが、ではそれならばどのような座配であったのかを問うても、一向に要領を得た答えになっていない。筆者の理解に異を唱える人がいるならば、それを同じように図示してみればよいであろう。違いも明らかになろうし、どちらが正しい理解であるかも一目瞭然となるだろう

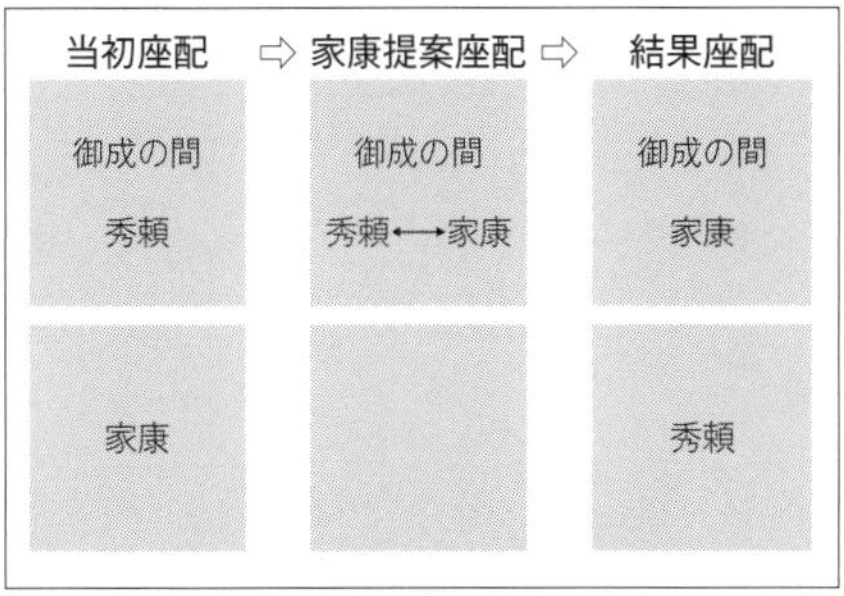

図８　秀頼と家康の座配関係

からである。

はたして、図8以外の図示は可能であろうか。試みてみれば、直ちにそれが不可能であることが自覚されることであろう。

すなわち、秀頼と家康との政治的位置関係は図8に示されたようなものとしてとらえなければならないということである。

ところが、このような関係性が否定できないとわかると、もっとすさまじい「反論」も出てくる。私の提示する座配は認めた上で、さて家康は確かに秀頼を上座にすえたが、これは秀頼が自発的に下座に廻るであろうことがはじめからわかっていたから、そうしたまでのことなのだ、と。

信じられるだろうか、こんな表現が研究者を自称する人間の研究書と称する書物の中で堂々と書かれているのである。残念なことではあるが事実である。このような何の根拠もない決めつけ型の暴論をはいて恥じないという姿勢に驚かされ、ただ寒心に堪えぬばかりと言うほかはない。

これは先述の、秀頼の関白就任の噂を記す第一次史料が多数あるにもかかわらず、これらを「知らなかったのだろう」という一言のもとにすべてを無視し、葬り去ろうとする態度と同根なのであろう。

反論それ自体は大いに歓迎されることである。異説もどんどん唱えられるのが望ましい。しかしそれには、必ず合理的な根拠が示されなければならない。史料に裏づけられた新規の事実発見に基づく反論は、最も生産的な反論であり、研究全体をより高いレベルへと引き上げる役割を果たす。

そのような反論は大いに歓迎され尊重されるべきものであるが、何らの根拠も有しない決めつけ型の反論は、そもそも反論の名に値しない。まして提示されている第一級の史料の伝える情報を、自己の説にとって都合が悪いという理由で、抹殺するが如きは研究全体にとって有害であり、歴史学の破壊につながりかねない。国民の歴史認識の形成にとって害悪をふりまくだけの結果しかもたらさず、厳に戒められなければならないであろう。

二条城における両者の会見については、これまでの論著の多くが説いているような、秀頼が家康に臣従を余儀なくされるに至ったとする通説的な理解が誤りであることは、もはや否定しうべくもないであろう。

家康は秀頼に対して最高の礼遇で迎え入れており、臣従の強制などとはおよそ趣を異にしている。秀頼は最後に家康に対して拝礼を行っているが、これは自発的にとられたものであり、臣従礼ではなくて、舅に対する孫聟の、および朝廷官位の上での従一位に対する正二位の者の敬意表明の礼として、これを見るべきものである。

さらに秀頼の退出に際して、別の史料では家康は次の間ないし玄関まで、秀頼を見送って行ったとしており、幕府正史の『徳川実紀』の記述もまたそれを採っている。右の『当代記』にも、徳川義直（尾張藩主）と同頼宣（水戸藩主、のち紀洲藩主）という家康の幼い二子が、途中まで見送りのために秀頼に同道したと記されている。

実は別の史料から、この家康の二子は秀頼上洛を鳥羽の地まで迎えのために出向いていたこともわかっている。(注26)

このような迎接作法も、家康の秀頼に対する敬意の表現として受け止められるであろう。これらは秀頼の入洛を見物するために集まった大勢の群衆の前で執り行われていることだから、なおいっそうのことである。それにしても家康の秀頼に対する気配り、丁重ぶりには感銘を深くするばかりである。

③ 華麗なる膳部

秀頼に対する礼遇について、この『当代記』にはさらに興味深い記述がある。傍線Gの「膳部、かれこれ美麗に出で来」という部分であり、両者の会見が終わったあと、見事な食膳がずらりと並べられたということである。

これも秀頼の地位を表現しているわけであって、会見の最後に、秀頼は家康に対して下座に廻って拝礼したことを指摘した。にもかかわらず、その後のこの待遇である。

この秀頼の家康に対する拝礼というものが、秀頼の自発性から出たものであり、かつそれは臣従礼ではなく岳父的存在である家康に対する謙譲の礼として諒解されたものであったろう。家康の秀頼に対する尊重の念は、秀頼の退出時に至るまで少しも変わりはなかったのである。

ところでこの見事に並べ立てられた食膳の数々であるが、「かへって隔心あるべきかとて、ただ御吸物までなり」と書かれている。この文意はおわかりになるだろうか。せっかく見事に並べ立てられた御馳走なのに、御吸い物を食しただけで終わってしまったというのである。「かへって隔心」あるだろうからという理由によって。

「隔心」とは何か。何が心を隔てるというのか。実に、これは毒殺をめぐる言明にほかならないのである。毒殺！である。

世間の風聞とか風評的史料で毒殺が語られることは珍しくない。「実録物」と称せられるゴシップ的読み物の類では定番のテーマですらあろう。しかしこれほどの第一級史料において、毒殺が語られる記事を目にすることはほとんどないと言ってよい。この『当代記』の記述からして、どこにも「毒」の文字など記されてはいない。これまでこの記事に毒殺問題が語られていることを指摘した人は寡聞にして知らない。

二条城会見に際して毒殺、暗殺が企てられていたとか、会見に同席したあとわずか三か月後に没した加藤清正の死因が毒殺であったろうなどという噂話は珍しくないけれども、これほどの第一級の史料において語られ、記されるというのはついぞ見られないことなのである。

そして本物の史料ならではのことであるが、「毒殺」の文字が安っぽく記されるということはない。よほど神経を集中してこの史料を読まない限り、この毒殺問題は見落とされてしまうことだろう。

この史料に記されている「かへって隔心あるべきかとて、ただ御吸物までなり」(傍線G)という短い一文が雄弁にそれを物語っている。「隔心」というのは心を隔て心が離れていくの意であり、毒を盛っているかもしれないという疑惑、そして相手方に対する不審と疑念がうずまく状態である。

たくさんの豪華な食膳が秀頼の前に並べ立てられたけれども、出てくるごとに、横にいる加藤清正などがこれを全部お毒見することになる。家康側はこれをじっと見ていることであろう。こんなことをやっていたらお互い気まずくなるのは当たり前で逆効果になってしまう。だから、食事はやめて御吸い物だけにしましょう、という家康の提案になるわけである。

これもまたすごい話で、毒を盛られるかもしれないというのが、お互いの共通の認識前提のようになっているわけである。だから「かへって隔心あるべきかとて」というその言葉だけで、お互い諒解し合えるのである。「いったんは御馳走を出して、歓迎の意を示す。しかしその後、それを全部引っ込めて、御吸い物だけでその意を表す」と、ただそういうふうに書いてあるだけで秀頼毒殺の危惧についての共通諒解が暗黙のうちに表現されている。これは、やはり本物の史料だけが持っている迫力だと思う。

④　大政所、出で給ひ相伴し給ふ

それからそのあと北政所が入る。おね（ねね）である。「これは秀吉公の北の御方なり」（傍線H）とある。

この表現もまた大事なことを含んでいる。というのは、近年、秀頼は秀吉の子どもではないかもしれない、という説が出されたことがあった。

二条城での北政所の行動は、この説が全く嘘だということを示す重要な証拠となろう。

北政所は秀頼が秀吉の子どもかどうかということを、いちばんよく知っている人物。もし、秀頼が秀吉の子どもでないならば、こんなところに出てくる必要はないわけである。それがわざわざ出てきて、成人した秀頼に再会しているということは、北政所が、秀頼はまごうことなく秀吉の実子であるということを信じているからにほかならない。

歴史学でやることは、秀頼が産婦人科的な意味で秀吉の子どもであるかどうかを問題にするのではなく、秀吉がどう見なしていたか、あるいは周囲の人や世間がそれをどう見なしていたかを問題としなければならない。北政所が全くそれについての疑念を持っていないことによって、事はすでに明らかなのである。

⑤　右兵衛督・常陸介途中まで見送らる

そのあと、『当代記』にはさらにおもしろいことが書かれている。

秀頼は結局、後水尾天皇の即位式には立ち会わずに、早々に大坂に退去するのだが、家康の晩年の幼い子ども二人が秀頼の見送りのためについていく。のちの徳川御三家の祖となる尾張の義直と紀伊の頼宣なのだが、その二人が秀頼を東山の大仏殿まで見送りをする。

京洛を出て、五条の橋を渡ると、現在の京都国立博物館の近くに今も「大仏殿跡」という名前が残っているが、そこにあった巨大な大仏殿が見えてくる。やがて大坂の陣の原因をなす「国家安康」の銘文で有名な梵鐘のある方広寺大仏殿である。この大仏殿を境にして、そこから洛外となり伏見に至る道となるが、そこまで見送りをしたのである。

これもフレンドリーな姿勢のように見えるが、やはり意味があって、二人は実は人質である。家康はこの幼い子ども二人を秀頼に預けて「決してあなた方に対して危害を加えることはありませんよ」という、これも一つのメッセージなのである。

だから、『当代記』はおもしろい。一字一句見落とすことができないほどに含蓄に富んでおり、一つ一つの記述に緊迫感がこめられている。これが本物の史料だけが持つ、特有のリアリティーといったものであろう。しかしながら、これまでの研究では全くそういう細かな記述が無視をされてきた。『当代記』は特に有名な史料だから、この時代を扱う人はこれを読むのが当たり前になっているくらい周知の史料である。なのに、これまでこういったことが指摘されたことがない。「礼をとげた」というそこ以外は、全く使われてこなかったのである。

以上が慶長一六(一六一一)年の二条城会見の事実関係である。見られるとおり、従来の説が述べてきた、「秀頼は家康に呼びつけられて臣下の礼をとらされた」という構図は成り立つ余地がないように思われる。

秀頼の二条城訪問は、主君が家臣の邸宅を訪れる「御成」の様式をもって執り行われており、座配においても秀頼は「御成の間」に座し、家康は平間であったことが歴然としている。秀頼の家康に対する拝礼は、あくまでも秀頼の自発意思に基づくものであって、それは岳父的存在に対する謙譲の礼として解すべきものであるということ、これらが二条城会見において確認できるところであろう。

秀頼が一大名の地位に転落したという旧説に固執する人たちは、この事実に目を向けたくないようであるが、事実を否定すること、無視することは歴史学においては致命傷であることを自覚しなければならない。

二条城会見はもう一つ、別の意義においても重要である。すなわち秀頼の二条城訪問においては、その道中警備および二条城内における秀頼の身辺警備において、加藤清正と浅野幸長の両武将が終始、その精力を傾注していたという事実である。この両武将が道中、徒立ちで秀頼の乗り物の左右を固めていたことは、沿道に集まった群衆の目にも印象深く焼きつけられたことであろう。

これは秀頼が、彼ら西国の豊臣系国持大名の主君にほかならないことを確認させるよい機会となったことであろう。清正も含めて、家康が将軍となって以降は、家康の使役する各地の城郭普請に従事することがたびたびであったが、しかしながら彼ら豊臣系国持大名たちは依然として秀頼の従臣であることを放擲したわけではなかった。清正と幸長の秀頼警固の姿は、彼らの秀頼に対する変わらぬ忠誠を天下に表明せんとする謂いでもあった。

5　三箇条誓詞と豊臣秀頼

さて、秀頼の自発性によるとはいえ、秀頼が家康を上座にすえて拝礼したという事実は重みを持つことになる。それが敬意表明であっても、徳川―豊臣関係において家康と徳川家の優位性が示され、かつ秀頼と豊臣家がそれを受け入れたという事実の持つ意味は大きい。

家康はこの事実を踏まえて、日本全国の諸大名から三箇条の誓詞を徴収する。それは徳川幕府の発布する法令を遵守することを主な内容とするものであった。

二条城会見から半月ほどを経た同年四月一二日、家康は三箇条の法令を定め、京に参集している西国の諸大名から「誓詞」を徴するかたちでその遵守を命じた。次のものである。(注27)

条々

一、右大将家以後代々公方之法式の如く、これを仰ぎ奉るべし、損益を考えられて、江戸より御目録を出さるるにおいては、弥《いよいよ》堅く其の旨を守るべき事

一、或は御法度に背き、或は上意に違へる之輩《ともがら》、各《おのおの》国々隠し置くを停止すべき事

一、各《おのおの》拘置くの諸侍已下《いか》、若し叛逆・殺害人たる之由、其の届あるにおいては、互に相い拘ふるを停止すべき事

右條々、若し相背くにおいては、御糺明を遂げられ、厳重之法度に処せらるべき者也

慶長十六年四月十二日

豊前宰相
忠興(花押)

越前少将
忠直（花押）
［中略―一八名］
鍋嶋信濃守
勝茂（花押）
金森出雲守
可重（花押）

以上のように、この三箇条誓詞は第一条で、徳川幕府の発布する法令の包括的な遵守を命じ、第二条は法度や上意に背く者の隠匿禁止、第三条は謀逆人・殺害人の拘置禁止の規定であった。

⑴　三箇条の法令内容とその持つ意味

その法度の第一条には、右大将家以後の代々の方式にまかせる、とある。ここで右大将家とは、いうまでもなく鎌倉幕府の源頼朝を指す。すなわち頼朝以後の代々の武家政権の方式に合わせて江戸幕府から法度を出す。ただし、時代の状況の変化に鑑みて、修正を加えたものを出すけれども、要は頼朝以来の武家法の伝統に則って徳川幕府は法令を出すのであるから、堅くそれを遵守すべき事。

第二条は、謀反人を匿ってはならない。第三条は、殺害人を匿ってはならない、とあり、謀反人隠匿禁止令、殺害人（中世では「せちがいにん」と訓ずる）隠匿禁止令である。これは実に鎌倉幕府の「御成敗式目」に出てくる条項（いわゆる大犯三箇条のうちの二つ）である。だから家康は、自分が頼朝以来の武家政権の正統なる後継者ということを表現しようとしているわけである。

(2)　三箇条の法令と秀頼

そしてこの三箇条誓詞には、このときに京に参集していた主要大名二二名、すなわち細川忠興・松平忠直・池田輝政・福島正則・島津家久・森忠政・前田利常・毛利秀就・京極高知・京極忠高・池田利隆・加藤清正・浅野幸長・黒田長政・藤堂高虎・蜂須賀至鎮・山内忠義・田中忠政・生駒正俊・堀尾忠晴・鍋嶋勝茂・金森可重が連署した。

この三箇条誓詞は翌慶長一七（一六一二）年正月には、上杉景勝・松平忠直・丹羽長重・伊達政宗・立花宗茂・佐竹義宣・蒲生秀行・最上義光・里見忠義・南部利直・津軽信枚ら東国の大身大名一一名が連署して提出し、さらに譜代・外様を含めた中小の大名五〇人も同様の誓詞を提出

した。(注28)

すなわち幕藩体制下のほとんどの大名が、この三箇条誓詞に署名しているのであるが、豊臣秀頼がこれには含まれていないという事実が問題となる。この点は藤井譲治氏が夙《つと》に指摘していたところである。(注29)すなわち豊臣秀頼は別格であり、徳川将軍の支配下に編入される存在ではないということを、端なくもこの誓詞は明示することとなっているのである。

秀頼が二条城で家康と会見した出来事は、秀頼が家康に臣従した、ないしはその政治的支配下に入ったということを意味していないのである。それはあくまで豊臣―徳川の融和であり、別言すれば、豊臣は徳川より劣位に置かれるが、なお徳川の政治体制とは別個の政治体制の主宰者として存在するということを確認したこととなっているのである。

① 幕府の内部文書も秀頼に「様」付

この点は徳川側の史料によっても確認される。二条城会見に陪席した幕府年寄(老中)の本多正純は翌二九日に、江戸の酒井忠世ら年寄衆宛の報告の書状(将軍秀忠に向けた披露状)を認《したた》めているが、そこでは秀頼のことを指して「秀頼様」という「様」文字を用いている(家康に対してはもちろん「様」付)。(注30)

秀頼様、昨廿八日大御所様ぇ御礼、仰せ上げられ候（中略）大仏御見物なられ、それより豊国御社参なられ、今日大坂ぇ御下向にて御座候、ここもと上下万民めでたく存じ奉り候

これは同じ書状において、前述の家康の幼い二子に対する敬称では「右兵衛督殿（義直）」「常陸介殿（頼宣）」と「殿」文字を用いているのと対照的である。

加藤清正ら一般大名に対しては敬称なしの呼び捨てであり、これらのことから徳川幕府そのものが、秀頼を家康と同格の存在として扱っていることが明らかとなる。しかもこれは幕府内部の文書であり、幕府年寄（老中）たちの間でのみ授受されている文書であることに注意しなければならない。

豊臣家に対して配慮する必要もない幕府の内部的な文書において、秀頼を家康と同様に「様」付でもって呼んでいる事実。これは秀頼の権威というものがいかに高かったかということを如実に示しているであろう。しかも二条城会見で秀頼があえて家康に上座を譲り、これに拝礼を遂げたあとでもなお、このとおりであることに留意しなければならない。

秀頼は家康に「呼びつけられて、臣下の礼をとらされた」という類の歴史認識が、いかに現実離れしたものであるか、もはや贅言《ぜいげん》を要しないであろう。

② 徳川公儀の優位承認

このように秀頼と豊臣家は、この三箇条誓詞の体制の枠外であることは確認をされた。それは秀頼と豊臣家が二条城会見を経たのちにおいても依然として、徳川幕府の支配体制から超然とした存在であることを物語っている。

しかし他方、二条城会見は家康と徳川幕府の支配権の優越性が確認された画期でもあった。徳川幕府はそれによってはじめて、全国の諸大名を対象として法令を発布する権限を得た。三箇条誓詞は事実上の法令（特にその第二、第三条）なのであるが、実はこれが全国の諸大名を対象として徳川幕府の発した法令第一号なのである。

徳川幕府は開幕よりこのかた既に八年が経過していたが、城郭のお手伝い普請などへの動員命令は諸大名に対して出していたものの、「法度《はっと》」と呼ばれるような一般的な法令を発布することはなかった。

豊臣家の権威がそれを阻んでいたということであり、二条城会見において秀頼が家康の権威の優越を認めたことによって、幕府ははじめて法令発布の権限を得たという次第なのである。

さらに言うならば、家康は慶長一七年に公家衆に対して、「家々の学問、行儀の事」について、これを油断なく嗜むべきことを申し入れ、(注31) そして同一八年六月には諸公家法度五箇条、勅許紫衣法度という著名な二つの法度を制定する。(注32) 前者はこれまでしばしば命じてきた、公家の各自の家学の修得および行儀作法を正すべきことを法度のかたちで明文化したものである。
後者は大徳寺・妙心寺・知恩院・黒谷金戒寺など、紫衣勅許を伴う寺院の住持職については、勅許以前に幕府においてその人物の器量を吟味して取り計らうべきことを定めたもので、朝廷の勅許行為に対する干渉であり、のちに紫衣事件の因をなすことになるものである。

これら公家衆や高い格式を有する寺院に対して幕府が法度を発布するということも、かつてなかったことで、すべて慶長一六年の秀頼との二条城会見を経たのちに、家康と徳川の権威が秀頼と豊臣家より上位にあることが確認されたのちに行われていることに注意しなければならない。ゆえにこれら一連の事実から、この慶長一六(一六一一)年にいたるまでの秀頼と豊臣家の権威の高さが逆証されることとなっている。

幕府は関ヶ原合戦後の慶長八(一六〇三)年に開かれた。だが、現実にはこの同一六年に至るまで全国諸大名を対象とする全国法令を発布しえていなかった。家康が個別の事案をめぐって口頭で、あれこれ指示・命令を下すことはある。しかしながら明文化された法令という形をもって、全国の諸大名に対して一律に統制するという行為をとることはなかった。それが関ヶ原合戦後の政治世界における現実であった。

しかし、この慶長一六年の二条城会見を通して秀頼と豊臣家はへり下って、家康と徳川家の天下統治におけるイニシアティブを認めた。これによって家康は全国諸大名に対する法令発布の権を得たこと、そしてそれへの服従強制の権能を獲得したこと、これは家康と徳川家にとって大きな成果であった。

それはほかならぬ、それから三年後に勃発する大坂の陣において、全国の諸大名に対して豊臣秀頼討伐の軍事動員令を発布できる根拠となり、全国の諸大名を徳川幕府の指揮・命令下に置くことのできる正当性を付与することになっているのである。

③　武力発動の可能性

それであっても、かの二条城の会見に際して、その道中においても二条城内においても秀頼の側を片時も離れることなく、守護の重責をまっとうした加藤清正と浅野幸長という豊臣恩顧の二武将が存命であったなら、いかに家康が豊臣討伐の軍事動員令を発しようとも、はたして大坂城を落とし得たかは疑問である。現実に見られたように、あの孤立無援の状態であってもなお、堀を埋めるという策を導入しなければ大坂城は落ちなかったという事実を目にしているだけに、その思いは募る。

加藤清正と浅野幸長の両名が豊臣援護の姿勢を明確にしてゆるがない限り、自余の豊臣恩顧の諸大名も旗幟を鮮明にすることをためらわざるを得ず、結句、家康側としても軽々に豊臣討伐令を発令することは差し控えざるを得なかったであろう。

だが、二条城会見を終えた三か月後の同年六月、大役を無事に務め終えて国許の熊本に戻った加藤清正は、そこで突然の死を迎えてしまう。いま一人の浅野幸長は二年後の慶長一八（一六一三）年、病を得てこれまた世を去ってしまった。その杖柱と頼んだ両名が共に突然に物故してしまったとき、秀頼と豊臣家は、その命運が決したということができるかも知れない。

4節　大坂の陣はどのようにして起こったのか

二条城の会見は、家康にとって上々の首尾であった。それまでは主君筋と考えられてきた秀頼が、会見においてはあえて下座にへり下り、家康と徳川家の政治的優位性を天下に明らかにした。それは家康を十二分にも満足させるものであった。

ならば、そこまでうまくいったにもかかわらず、なぜ大坂の陣は起こらなければならなかったのかということを説明しなければならない。

1　二重公儀体制に対する家康の憂慮

家康の立場からこの二重公儀体制の図を見ると、例えば、加藤清正とか福島正則などは豊臣系の大名だが、家康には親近していて、関ヶ原でも従った。しかし、だからといって豊臣家を裏切るようなこともしない。旧族系大名は力関係上、徳川家の方に従わなければならないが、豊臣家に対して挨拶に伺うなどして関係を持っている。そういうふうにして、この二重公儀体制は棲み分けが非常にバランスよくいっているのである。

ところが、家康がもし亡くなったらということを考えた場合、この家康の位置には秀忠が入ることになる。秀頼と秀忠という状態になったときにはたして、このバランスは保てるかということを考えると、これは率直にいって不可と断ぜざるを得ない。

今、加藤とか福島とか、この豊臣系の大名が徳川家のもとに服属しているのは、家康その人を恐れてのことであって、徳川家に従わねばならない積極的な理由はない。家康が亡くなったら、彼らは全面的に豊臣家に従うであろう。家康の歴戦の強者・武将としての能力、そしてそのカリスマ性が尊敬と恐れの根源である。だから、豊臣系諸大名はそのような家康に従っているのであって、「秀忠になぜ従わねばならないのか」という声が起こってくることは自明であろう。

秀忠には天下分け目の関ヶ原合戦のときに遅れたという、大きな失態があった。それは前章で説明したとおり秀忠の責任ではないのだが、終生彼の負い目として残らざるを得なかった。そのような秀忠と秀頼とを比べた場合、天下の大名の帰趨はおのずから明らかではないか。

豊臣系の大名たちの動向は明白であるが、考慮しなければならないのは旧族系の大名たちである。旧族系大名も秀頼か秀忠かといったら、秀頼優位であろうが、彼らの場合には、それにとどまらない、より深刻な問題がある。すなわち彼らにとって家康が死ぬということは、自分たちが関ヶ原合戦によって失った領地を回復できるチャンスの到来を意味しているのである。

彼らの失った領土はどこに存在しているかというと、実は豊臣系の大名の領地となっている。

例えば、毛利は八か国から二か国に減らされたが、六か国はほとんど豊臣系の大名に与えられているのである。豊臣系の大名に返せと言っても、それは戻るはずもない。勢いどこかを潰して失った領土を取ろうという動きになる。

そこで豊臣秀頼をかついで、徳川を討伐する軍を起こすという流れが見えてくる。それは関ヶ原合戦の敗北に対するリベンジであり、失われた領地の回復ということであるから、ごく自然に兆してくる動向であろう。軍事的な観点においても、彼ら旧族系諸大名に豊臣系大名が荷担することになれば、家康なき徳川軍は持ちこたえられないことは明白であろう。

豊臣系大名は、関ヶ原合戦ののち家康から多くの領地をもらったから、徳川家に対して従いはしなくとも、積極的に徳川家を潰せという動きにはならないであろう。しかし、旧族系の大名には強い導因があり、やりかねないということである。

家康としてはそれらを考えざるを得ない。自分が死んだら、諸大名が秀頼を戴いて、最悪の場合、徳川家を解体していくというかたちになってしまうかもしれないと考えたとき、家康としては安閑としていられなくなったということである。二重公儀体制の破綻である。

ただ、家康としてはこの悪夢のシナリオを回避するために、災厄の芽を摘むために軍事的に豊臣家を討伐するということを考えざるをえないのだが、しかし天下に豊臣秀頼を討てという号令を出した場合、はたして軍事的に可能かどうかというと、それはやはり「ノー」といわざるを得ない。

すなわち加藤・福島・浅野という連中がしっかりスクラムを組んで豊臣秀頼を守るという態度を明確にした場合、豊臣系の大名は当然これに従う。それでは豊臣を軍事的に潰すことができなくなるのである。のちの大坂の陣において孤立無援であった大坂城をなかなか落とすことができなかったという事実からしても、その想定は決して現実離れしていないであろう。

だから家康としては煩悶に明け暮れるしかないのだが、この直後に家康にとって思いがけない事態がめぐってくる。

2　豊臣系有力武将の相次ぐ死

それは、加藤清正の急死である。二条城会見を無事に終えた加藤清正は熊本に帰るのだが、その三か月後の慶長一六（一六一一）年六月に急死してしまう。これが昔から謎の一つといわれていて、刺客が送られたのではないかとか、二条城の毒饅頭といった俗説とか、いろいろ言われてきた。

私は心理的な問題ではないかと考えている。身命を賭しても秀頼を守らねばならないとして極度の緊張のもとに臨んだ二条城会見であったが、結果は予想をはるかに越えた成功であった。清正にとっては張り詰めていた心の糸が、ふっと弛緩した瞬間であったのであろう。そして清正にとって、この数年にわたり体内に蓄積されていた豊臣家の行く末を思う心的疲労が、安堵の気持ちとともに一気に表に出てしまったときであったのかもしれない。

そしてそれは、家康にとって最も難しい人物が消えてしまうという僥倖の到来を意味した。だが、それでも家康はまだ手を出さない。さらに翌々年の慶長一八（一六一三）年には、今度は浅野幸長が病気で亡くなってしまう。清正と幸長は二条城会見のときに秀頼の左右を固めて供奉したことからわかるとおり、秀頼と豊臣家にとって柱石とも頼む有力武将である。秀頼と豊臣家は、その最も頼みとする有力武将の二人を相次いで失ってしまったわけである。

この二人に続く豊臣系の有力武将は福島正則である。しかし正則には思慮に欠けるところがある。思慮深くないからこれはいちばん頼りにならない。加藤、浅野がいれば福島は非常に強力なのだが、一人では何もできない。だから家康にとっては、今まで不可能だった豊臣家を軍事的に滅ぼすことができるという可能性が出てきたわけである。

実はこのほかにも秀頼と豊臣家にとって頼みとする諸大名があった。その一人が池田輝政であった。二条城の会見のとき、他の諸大名は後難を慮ってみな引き込んでいたのに、池田輝政ただ一人だけは、伏見まで秀頼を迎えに出ていた。池田輝政は自分は秀頼の臣下であるということを示すべく、わざわざ伏見まで出迎えたということであろう。そういう意味では秀頼にとって頼もしい一人だったのであるが、池田輝政もこの慶長一八年に死去する。

残るもう一人は前田利家の子の前田利長である。前田利長は父利家の死をうけて五大老に列し、父利家の遺命によって秀頼を守るべく尽力している立場の人間であったのだが、やはり慶長一九年に物故してしまった。


【家康の逡巡】


こうして、秀頼をサポートすべき重要人物が、福島正則一人を除いて、ことごとく死没してしまった。家康の運の強さを思わずにはおられない。

しかし、家康はそれでも手を出さなかった。どう行動していいかわからない、だがこのまま放置しておくならば徳川家が将来潰されるかもしれないという思いを抱きながら、悶々と暮らしていたというのが実情であった。虎視眈々と豊臣家を潰すべく画策していたという話とは全く違う。

右に述べたように、秀頼と豊臣家を支えてくれる有力武将大名たちが相次いで死没してしまったことから、家康にとって大坂討伐の軍事発動する条件は、充分に整ったわけである。しかし、それでもなお家康は軍事発動に踏み切ることはなかった。

そしてここから方広寺大仏殿の鐘銘「国家安康」「君臣豊楽」の話に続いていくのだが、実はこれも言い古された豊臣攻撃のための口実作りではないのである。

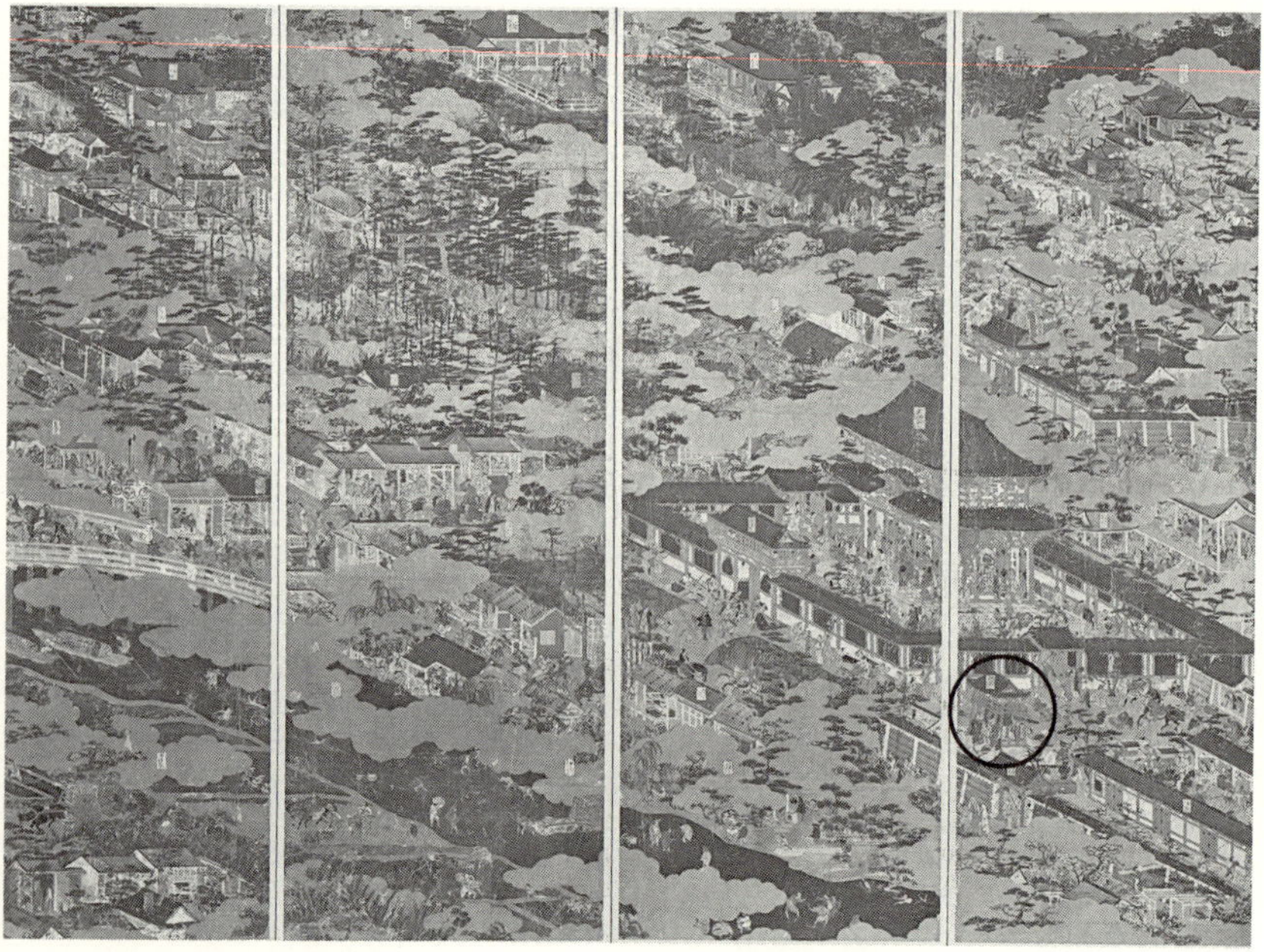

図９　洛中洛外図屏風（舟木本・部分）**に描かれた方広寺大仏殿**（所蔵：東京国立博物館）
＊川にかかる橋（五条大橋）の正面に見える巨大な建物が方広寺大仏殿。その回廊の右手横に問題の梵鐘が描かれている（○囲み）。

3　方広寺の鐘銘事件

大坂の陣の発端となったのが、秀吉と秀頼の二代にわたって京の東山の地に造立した方広寺の梵鐘の銘文にあったとされていることは世間によく知られている。

すなわち、秀吉が豊臣家の永続と繁栄を願って建立を計画した金銅大仏と大仏殿とは、度重なる災難を繰り返しながら秀頼のもとで慶長一九（一六一四）年にようやく完成をみた。そこで豊臣家では駿府の大御所である家康と相談しつつ、八月一日（「八朔」の祝日）に大仏殿の堂供養、そして秀吉の祥月命日である同一八日に大仏開眼供養を執り行う方向で、粛々と所定の段取りを進めていた。
そのような最中、方広寺大仏殿に付属する鐘楼の梵鐘に記された銘文をめぐって事件が勃発する。

(1) 方広寺の鐘の銘文について

方広寺の鐘には、非常に長大な漢文が書かれていて、その中に「国家安康」の四文字が出てくる。これは「家康」という字を分断するように作為したのだと幕府側がクレームをつけたという話になる。

いずれにしろ、文字の大海から家と康の字を見つけ、そこをついて一つの事件性を作り上げたという話が、言いがかり説、でっち上げ説のストーリーである。

しかし、このような事件構図は根本的に誤解なのである。「家」や「康」の字は長文の銘文の中に偶然あったのではない。たくさんの文字の中から家と康の文字をうまい具合に見つけてきて、事件性に仕立てたのではなく、はじめから「家康」という文字を折り込んだ文章が作られていたということである。銘文では、「君臣豊楽」という言葉が「国家安康」と対句をなしており、一つを「豊臣」、一つを「家康」とし、対句のレトリックで構成されている。

これらははじめから意図して記された文字であって、たくさんの文字の中から偶然、家と康の文字を見つけて話を作り上げたということではない。それを認識すれば、言いがかり説が全く成り立たないことがわかる。

これはでっち上げではなく、この銘文を撰んだ清韓という人物が「家康」と「豊臣」の文字をあらかじめ折り込んで書いたということである。すなわち、これは修辞上の問題なのである。

そうなると、次に問題となるのは、どういう意図を持ってそういうふうに表現したかという点である。

(2) 諱《いみな》についての当時の考え方

この問題については、当時の名前に対する考え方を知っておく必要がある。

実名は顕《あら》わにしてはいけない、実名を顕わにすることはタブーであるというところから、諱《いみな》という表現が出てくる。実名のことを諱と称する。忌む名、名を忌むという意味から諱という言葉で呼ばれていた。

この由来には中国的観念と日本的観念との両方がある。中国では儒教的な礼の観点から、一方、日本では人の名前を呼ぶことは魂を奪うという言霊《ことだま》信仰の観点から、諱を使ってはいけないとされた。

そこで実名を避けた称号が発達した。例えば「五郎兵衛」、「権平」、あるいは大岡「越前守」・

浅野「内匠頭」というように朝廷官名も称号として使われたのである。

だから家康を指す場合に、「内府（内大臣）様」という呼び方をするのも全部称号上の表現であって、テレビドラマのように面と向かって「家康様」などと言ったら、無礼者といって即刻お手討ちになるかもしれない問題である。

決して実名を呼んではいけない。諱を避けるために「上総介様」「筑前様」と呼ばなければならない。それが当時の常識であった。このような認識の中で「家康」という実名の文字が書かれれば、そこに問題が生起するのは当然のことなのである。

(3) 銘文の作者である清韓の考えは

この問題については、幕府側の取り調べを受けた当の清韓が弁明書を残している。その弁明書(注33)では「御名を、かくし題に入れて書きました（家康の名前を折り込んで書きました）」と、はっきり述べている。「かくし題」というのは「折り込んで」という意味で、文章の中に隠し込んで入れた、隠し味のようにして入れ込んだということであって、「そんな文字があったとは、知りませんでした」という弁明ではない。

「祝賀の意味から、方広寺を寿ぐために家康様のお名前を使わせていただきました。豊臣の名前も使いました」というように、清韓は自ら「意識して書きました」と明言しているので、「家康」の文字は偶然あったのではないことがわかる。

清韓は祝賀の意と言っているが、はたしてそうか。底意に呪詛の意味がないとは限らない。これが問題となる。家康側が呪詛の底意はないかとクレームをつけることは、言いがかりとは言えないのである。

なぜなら、まず、名前を使うことは無礼である。この無礼を咎めることは当然である。それのみならず、家康は、そこに呪詛の底意がひそまれているのではないかと疑った。これは不当な言いがかりというものではないであろう。

(4) 言いがかり説で徳富蘇峰の果たした役割

ところが、反響し合うかのように、現代に至るまでずっと「言いがかり」と繰り返されてきている。これには徳富蘇峰の著作『近世日本国民史』(注34)が大きな影響を与えたと言えるだろう。

徳富蘇峰の文章は断定口調で独特の癖があり、それが効くらしくて作家も研究者も引き込まれてしまう（故丸谷才一氏の評言）。呪縛力が非常に強くて、魔力がかかったようにみんなそろって信じ込んでしまい、そこから百年間、相変わらず同じことを言い続けていたのである。

徳富の『近世日本国民史』にも清韓の弁明書は載っているので、少し目線をずらせばはっきりわかるはずなのだが、徳富が弁明書を無視して言いがかり説を論じると、みんなそれが見えなくなってしまうのである。

他方、関ヶ原合戦に際して、浅野幸長・黒田長政が小早川秀秋へ送った書状（75頁参照）のような決定的な史料も徳富蘇峰の本に載っているが、こちらについてはその解釈や位置づけ方に全く問題はない。逆に言えば、彼が提示する史料の豊富さ、貴重さは他の追随を許さない。彼は多様な史料を数多く持っており、それが『近世日本国民史』で使われているので、その意味で同書の信頼度は非常に高い。信頼度が高い上に自説を勢いよく論じたてるものだから、読者は引き込まれ信じ込んでしまう。「国家安康」の四文字、これはいまだに続いている歴史認識の呪縛の一つである。

むすびに

関ヶ原合戦後における秀頼と豊臣家の政治的位置については、以上のとおりである。議論をあいまいにするのを防ぐために、時期をかなり限定しつつ細かく検討していったが、見られるとおり関ヶ原合戦から慶長一六（一六一一）年の二条城会見までの時期については、秀頼と豊臣家の政治的地位には超然たるものがあった。

かつて言われてきたような秀頼と豊臣家は一大名に転落したというような状態とは程遠く、徳川将軍と対等、ないしは江戸城普請の普請奉行の件や二条城会見における迎接作法に見られたように、その上位にすら位置する存在であったということである。

この関係に変化を来したのがほかならぬ二条城会見であった。当初の座配は秀頼上座、家康下座であった。これについて家康は、今後は相互対等の関係を取り結びたいという提案をしたのであるが、秀頼はこれを辞退して家康上座、秀頼下座というかたちを作り、事後はこのかたちで両者が関係を取り結ぶという合意がなされたのであった。この関係の確定は、秀頼の自発的意志に基づいてなされたという事実が忘れられてはならない。

これによって徳川将軍の全武家領主に対する統率権が確立し、幕府は法令を発する権限を得るとともに、全武家領主はその法令に服従すべきことが主要大名たちの誓詞をもって確定すること となる。徳川将軍がこのように全武家領主に対して法令発布を伴う統率権を確立したのは慶長一六年のことであり、二条城会見において家康が秀頼より上位に位置するということが確認されてのちのことである（もしそれ以前に確立されていたならば、大名の誓詞などは不要だから）。

大坂の陣において、全国の大名たちは家康の命に服して行動し、豊臣家に参じる者のなかったという事実をもって、「豊臣秀頼は関ヶ原合戦で一大名に転落していた証拠」などという杜撰《ずさん》な議論がしばしばなされているようであるが、それはこのような政治体制の推移をきちんと把握しないところからきた謬見にほかならない。

関ヶ原合戦ののちに豊臣家と秀頼が一大名に転落したという旧説に固執する向きもあるが、関ヶ原合戦後の政治体制は「太閤様御置目の如く」と表現されていたとおり、太閤秀吉が構築した豊臣公儀体制が持続をしていたという事実を直視しなければならない。これは筆者だけの見解ではなく、近世史の主要研究者の一致した見解であることも忘れられてはならない。

豊臣・徳川の二重公儀体制という言葉は筆者のものであるが、慶長八年の徳川幕府成立以降の政治体制をそのように規定することは、右に述べたような歴史認識から必然的に導出されることなのである。

そして、このような豊臣公儀体制は解消されることなく関ヶ原合戦後の時代も持続していく。

その中で、慶長八年の家康の将軍任官があり、徳川幕府が成立したとするが、それは豊臣公儀体制を解体して成立するのではなく、いわば豊臣公儀体制の中から分出されることによって成立しているのである。

徳川幕府の成立は、豊臣公儀体制の解消を意味しない。両者は併存するものとしてあったし、当時の人々もまたそのような国制像を描き、認識していた。世上において、「家康様は将軍に、秀頼様は関白に」と唱えられていたことがそれを証示している。

家康もまた豊臣家との共存を強く意識し、深く配慮していた。自己の将軍任官と同時に、秀頼には関白ではないけれども、関白任官資格となる正二位内大臣の官位を用意している。すなわち、家康が豊臣公儀体制から離脱をして徳川公儀体制を樹立したことは、豊臣体制の解体を意味するものではなく、二つの政治体制が共存するかたちを示している。これ以後の政治体制が豊臣・徳川二重公儀体制と規定されるのは、いわば必然的に導出されることなのである。

もし豊臣公儀体制など存在しないと主張するのであれば、関ヶ原合戦以後のどの時点において豊臣公儀体制が解消されたのかという問題に、責任を持って答えなければならない。この点をいい加減にして、最も重要な第一次的史料を恣意的に否定して根拠も有さない論を述べ立てたり、他方では、あいまい模糊とした杜撰な議論を続けることは、もはや学問の正常な発展を妨げる行為として許されないと考える。

関ヶ原合戦後の全国的領地配分において、京以西の西国方面には徳川系大名の領地を全く設けなかった。これが家康の関ヶ原合戦後の国家構想から出ていることは明らかであり、家康の西国不介入の意思を表現している。

ところが従前の研究では、この重要な問題が見落とされていたことから、家康の国家構想の意味を正しくとらえきれていなかった。この問題を踏まえて、家康の国家構想を考えるとき、それが東西分有の二重国制のかたちをとっていることはあまりに明白なことではないだろうか。

注

1 高木昭作「江戸幕府の成立」(『岩波講座・日本歴史』近世1、岩波書店、一九七五)。なお「太閤様御置目の如く」の語句は、慶長五年九月晦日付、井伊直政・本多忠勝・榊原康政連署状〔福島正則・黒田長政宛〕(『毛利家文書』三、東京大学史料編纂所)に見える。
2 『戸田左門覚書』(国立公文書館内閣文庫蔵)
3 笠谷和比古『関ヶ原合戦と大坂の陣』(吉川弘文館、二〇〇七)
4 笠谷和比古『関ヶ原合戦と近世の国制』(思文閣出版、二〇〇〇)、藤井譲治『徳川将軍家領知宛行制の研究』(思文閣出版、二〇〇八)
5 笠谷和比古『関ヶ原合戦と近世の国制』
6 『譜牒余録』巻二五「松平土佐守」
7 板坂卜斎『慶長年中卜斎記』(『改定史籍集覧』第二六冊)
8 『高山公実録』上巻(清文堂出版)所収。慶長五年九月十六日付、黒田如水書状〔藤堂高虎宛〕

9 慶長六年四月二一日付、伊達政宗書状［家康側近の今井宗薫宛］
10 『舜旧記』（史料纂集、続群書類従完成会）慶長五年十二月二十一日条
11 今谷明『武家と天皇』（岩波新書、一九九三）
12 笠谷和比古『関ヶ原合戦―家康の戦略と幕藩体制―』（講談社選書メチエ、一九九四。のち講談社学術文庫）
13 『公卿補任』（新訂増補国史大系、吉川弘文館）
14 同前
15 東京大学史料編纂所編『大日本史料』慶長八年七月条
16 本多隆成『定本 徳川家康』（吉川弘文館、二〇一〇）
17 笠谷和比古『関ヶ原合戦』
18 『山内家史料』「第二代忠義公紀」（文生書院）慶長一一年二月条
19 『大日本史料』慶長一三年九月二五日条、同一四年九月条、同年八月四日条、同一五年七月条。
20 『大日本史料』慶長一二年一二月二二日条
21 『大日本史料』『大日本史料』慶長一三年二月二四日条
22 『大日本史料』慶長一六年三月二八日条
23 『当代記』（『史料雑纂』三、国書刊行会）慶長一六年三月二八日条
24 笠谷和比古『関ヶ原合戦と近世の国制』第一章
25 村田治郎・関野克編『二条城　元離宮』（小学館、一九七四）
26 『義演准后日記』（史料纂集、続群書類従完成会）慶長一六年三月二八日条
27 前田育徳会・尊経閣文庫蔵。本文書は正文の誓詞が作成された直後に、精密に筆写された写である。『御当家令条』第一号（『近世法制史料叢書』1、創文社）
28 辻達也『江戸開府』（『日本の歴史』一三、中央公論社、一九六六）

29 藤井譲治「『法度』の支配」（『日本の近世』3、中央公論社、一九九一）
30 慶長一六年三月二九日付、幕府年寄本多正純書状［酒井忠世等宛］（『大日本史料』慶長一六年三月二八日条）
31 『大日本史料』慶長一七年六月八日条
32 『御当家令条』一一号、一二号
33 『摂戦実録』（国立国会図書館蔵）。なお本問題についての詳細は笠谷和比古『関ヶ原合戦と大坂の陣』を参照。
34 徳富蘇峰『近世日本国民史　大坂役』（時事通信社）

第4章

大名改易と転封

▼改易・転封は幕府が自由に実行できたか？▲

▼福島正則・肥後加藤家の改易の真の原因は何か？▲

はじめに

改易と転封は幕藩体制の政治現象として、よく知られている。改易は大名の取り潰し、転封は大名の領地を移動変更させることを指す。ともに徳川幕府によって発動され、多くは幕府の政略や謀略による権力主義的な処置と見なされてきた。

そしてまた近世の大名は鉢植えのように自由に入れ替えられたという歴史像が形成されてきたが、はたしてそれは妥当か、という問題がある。

特に改易に関しては、あとから述べるとおり、豊臣系の外様大名、特に西国方面に蟠踞《ばんきょ》する豊臣系の外様大名等が多くの場合その対象となったため、幕府の意図的な謀略、戦略の所産という固定的なイメージができ上がったのも無理からぬところはあるが、はたしてそれが妥当か。以下、この改易と転封の問題を見ていきたい。

改易の意味とその実行理由

まず改易という言葉について、若干説明を加えたい。改易という言葉自体は、あくまでも「変更する」という意味であるが、そこから主人と家来の関係を変更する、つまり家来を追放するという意味合いになる。特に大名改易は、徳川将軍が大名を取り潰すという意味合いで使われている。(注1)

改易が行われる理由には、次の三つがあげられている。

第一は軍事的なもので、関ヶ原合戦後の領地没収が最も典型的なものである。石田三成に与した西国の諸大名から六百万石以上の領地、石高が没収されたのは、この例である。

第二の理由は、大名の世嗣不在による無嗣断絶という、族性的なものである。これは近世初頭、非常によく行われた。その当時、養子による継承は認められていたが、必ず大名本人が生前かつ健康なうちに届け出をし、幕府から承認された養子のみが正当な養子となる。大名が危篤状態に陥ってから急に願い出る養子を末期養子(急養子)というが、近世前期にはこれは認められなかった。

したがって、これが認められていないと、相続上の困難から断絶に至る。父系親族、特に甥は最優先的に養子に迎えられる資格を持っており、正当な養子として認められやすい。

では、養子に迎えればよいではないかと思うだろうが、そうはしない。なぜなら本人が健康であれば、仮に甥を養子にたてたあと、実子ができる可能性もある。その場合、甥を実家に差し戻すことはできないので、実子を他家に出さねばならなくなる。できれば実子をもうけて、それに家督を譲ってやりたいという思いから、養子の届け出を先延ばしにしている。ところがそのうちに、本人が急病にかかり、養子を届け出る機を失して無嗣断絶に追い込まれていく。病床についてから養子を届け出ても、幕府側はこれを受理しなかったのである。

武家の法では、実子であれ養子であれ、相続は必ず父子継承でなければならない。兄弟継承は許されないために仮に弟がいても、兄が死んだ場合、継承はできない。中国儒教社会と異なって弟を養子にすることも可能だが、いずれにしても生前に幕府から認知されなければ、そこで断絶してしまう。

このかたちによる無嗣断絶はずいぶんと多く、特に幕府が狙い撃ちにしたわけではないけれども、西国の外様大名、特に豊臣系外様大名にこの族性的理由による無嗣断絶が多く見られた。これが西国系外様大名が一つずつ消えていく大きな理由にもなっている。

第三は、第二以上により強く政略的、謀略的という印象を持たれているのだが、幕法の違反と呼ばれている理由、つまり武家諸法度のような条文の違反を問題とするものであり、次に述べる福島正則の改易はその典型といわれている。

1節　福島正則の改易事件

1　事の始まり

福島正則は、豊臣恩顧の大名であったが、関ヶ原合戦では家康に味方し東軍として戦い、同合戦における論功行賞第一位と評価されて西軍総大将毛利輝元の広島城をもらい、安芸・備後の両国五〇万石をその領地として給されるという優遇を受けた人物である。

しかし、元和五（一六一九）年に正則は幕府によって改易に処せられ城地を奪われた。前年広島を襲った台風により破損した広島城を修築する際、幕府に無届けであったことが問題となった。武家諸法度には、城郭の修築は幕府に届け出なければならないと規定されているにもかかわらず、無断で修築したという理由で改易に処せられたものである。(注2)

一般には、ここに大きな疑惑が存在していると言われている。これは豊臣恩顧の大名の代表格である福島正則を取り潰すために仕組まれた幕府の謀略であり、幕府の老中（この時代の頃は厳密には「年寄り」の称）であった本多正純の策謀によるものではないかとする見解が昔から語られてきた。

2　福島改易の理由

この一件を記した『福島太夫殿御事』(注3)という正則の伝記には、台風により広島城が破損をしたといわれている前年の元和四（一六一八）年のうちに、幕府に対して二度にわたって破損城郭の修復普請を行いたい旨の届け出をしていたと記されている。

最初は幕府の老中本多正純に対して、広島城の修築の希望を伝えて承諾を受けた。その後、参勤を終えて江戸から広島へ帰るとき、正則は本多に再度確認をしたところ、間違いなく将軍の徳川秀忠に伝えたという返答をもらったので、安心して修築に取りかかった。しかしその後、広島城修復普請の届け出はなされていないと幕府から咎められ、結句それによって改易に追い込まれたという次第である。

この記述だけを読むならば、この改易事件はいかにも幕府の謀略によるものであり、幕府老中の本多正純の策略に福島正則は陥れられたのだという印象を禁じ得ないことであろう。

3　幕府側説明の改易理由

しかし、この事件についていては幕府側の言い分にも耳を傾けてみる必要がある。幕府側の言い分が記されて残されているのである。

幕府側は、正則を改易したあとに諸大名に対してこの事件の背景説明、事情説明をしている。それは元和五（一六一九）年の六月一〇日のことであり、当時、将軍秀忠は上洛して伏見城に滞在していたことから、この事情説明は諸大名の家老たちを伏見城中に招集して行われている（注4）。そのため大名家側の日記や書状などに、幕府の説明が記されて残されることとなっているのである。

この幕府側の説明によると、正則はすでに元和四年中から城普請を行っており、届けをしたといっているけれども、それは全く事後的な話であったということである。

福島の城普請の情報を得た老中本多正純は、正則に対して無断の修築をしているのではないかと詰問したところ、正則は「終わってから届け出るつもりであった」と開き直った、と幕府側は説明している。

別の史料によるならば、本多正純はこの無断修築を察知したが、将軍秀忠の耳に入ると大事になってしまうので、自分一存にとどめて公表を抑えた。しかし、別の方向から将軍の耳に入ってしまったために事が明るみになり、結句このような結果になってしまったとしている（注5）。

この広島城の修復普請については、福島側は事前に幕府老中本多に届け出たと言い、幕府側は事後報告にすぎなかったとして、食い違いが生じている。

4　福島正則書状による検証

これだけを見ると水掛け論になってしまうが、実はこれを判定する第一級の史料が存在していた。福島正則その人がこの城普請に関して書き送った書状の原物（古文書学では「正文《しょうもん》」と呼ぶ）である。その重要さは言うまでもないであろう。それは松江藩家老を勤めた大橋家に伝わる文書群である、（注6）「大橋家文書」に含まれている下記の書状である。同文書は島根県の松江歴史館に収蔵されている。

［史料1］　広島城修築（［元和五年］正月一二日付、福島正則書状「大橋家文書」）

むまの年極月十六日の書中之趣、具令披見候

一　ひろしま本丸・二の丸・三の丸、同備後やしきの内其外そうがまへのやくら・へいそこね候、つくろいの大工・やねふき其外入めの帳壱ほん、則はんをせしめ遣候

一　石ふねの作事、（後略）

正月十二日　　　宰相［花押］

よし村又右衛門殿
大はしもへもん殿

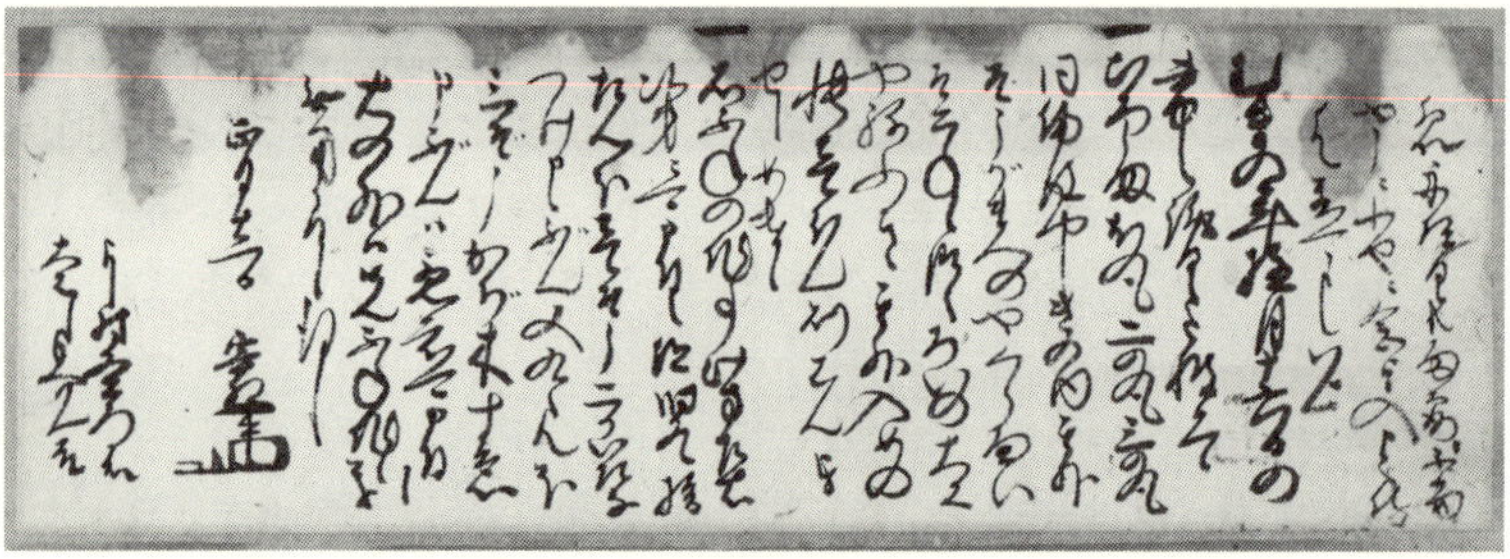

図10　元和５年正月12日付福島正則書状（所蔵：島根県松江歴史館）

文意は以下のとおり。
「午の年（元和四年）一二月一六日のそちらから送られた書状の内容は、くわしく目を通した。その第一は、広島城の本丸・二の丸・三の丸、同城の福島備後守（正則の嫡子忠勝）の屋敷の内、そのほかには広島城の惣構の櫓、塀などが破損した。その修繕のための大工、屋根葺きなどの賃金、そのほかの修復費用の入用帳一冊が送られてきたので、その承認の判を据えて送り返す（後略）」。

年は明記されていないが、正月一二日付で、宰相という署名があり、宛先が吉村又右衛門、大橋茂右衛門[注7]となっている。この二人は、広島城の城普請を担当する普請奉行である。身分的には物頭という鉄砲隊長で、平時の行政的な役目としては普請奉行である。臨時職か常職かは不明であるが、広島城修築時の担当者である。この種の普請奉行は、他の大名家でもだいたい鉄砲隊長である物頭のような格の人間が務めるのが慣例である。

この書状の差出者である「宰相」とは福島正則のことである。これについては若干説明をしなくてはならない。一般に知られている福島正則の称号は「(福島)左衛門大夫」である。ところが、元和三(一六一七)年六月二一日に官位を上せられ従三位参議に叙任せられた。この参議という官名の別称が「宰相」である(中国で用いられる官職名称なので「唐名《からな》」と称する)。したがってこの文書は元和四年以降の文書となる。正則は元和五年六月に改易されているので、この正月一二日は元和四年か五年のどちらかということになる。

そして書状の冒頭に、大橋・吉村両名からの来状は「午の年」とあり、元和四年が午年であるので、したがって正則のこの書状は元和五年正月一二日のものであることが確定する。

元和四年一二月一六日付で、吉村と大橋から正則に対して書状が送られた。それには広島城の本丸から惣構にいたる広範囲な箇所にわたる櫓や塀の修復普請の費用の帳簿が添えられていた。それに対して福島正則は決済の判(これは「花押」と呼ばれる記号化された署名)を記し、これを前掲の書状とともに吉村・大橋両名に返却しているわけである。

もう一通ある。次のものである。

[史料2](〔元和四年〕十一月二十二日付、福島正則書状「大橋家文書」)

(前略)
一 城廻へい矢倉雨風ニそこね候所つくろい無油断申付候由、是又尤之義ニ候、万事其表之義、無油断せいを入候てくれ可申候、（中略）来二月ハ公方様御上洛之取沙汰ニ候、左様ニ候ハヽ、我等御いとま正月中ニいて可申候間、帰国ほとあるましく候、右如申万事其元之儀せいを入可申候
謹言

十一月廿二日　　宰相［花押］

大橋もへもん殿
吉村又ゑもん殿

これも現代語訳するならば以下のとおり。

「広島城の周囲の塀や櫓のうち、雨風によって破損した箇所を修繕するように大橋と吉村から関係者に遺漏なく指令したとのことであるが、これも妥当な措置である。すべて広島方面のことについては、油断なく一所懸命に取り組んでくれるように。（中略）来二月には将軍秀忠様も上洛されるという取りざたである。そうであるならば、私の江戸からのお暇は正月に出ることであろうから、国元への帰国は近々のことになるだろう。右に申したように、両名の担当事項については万事精励するように」という内容である。

この書状も署名が「参議」となっていることから、この差出日の一一月二二日は元和四（一六

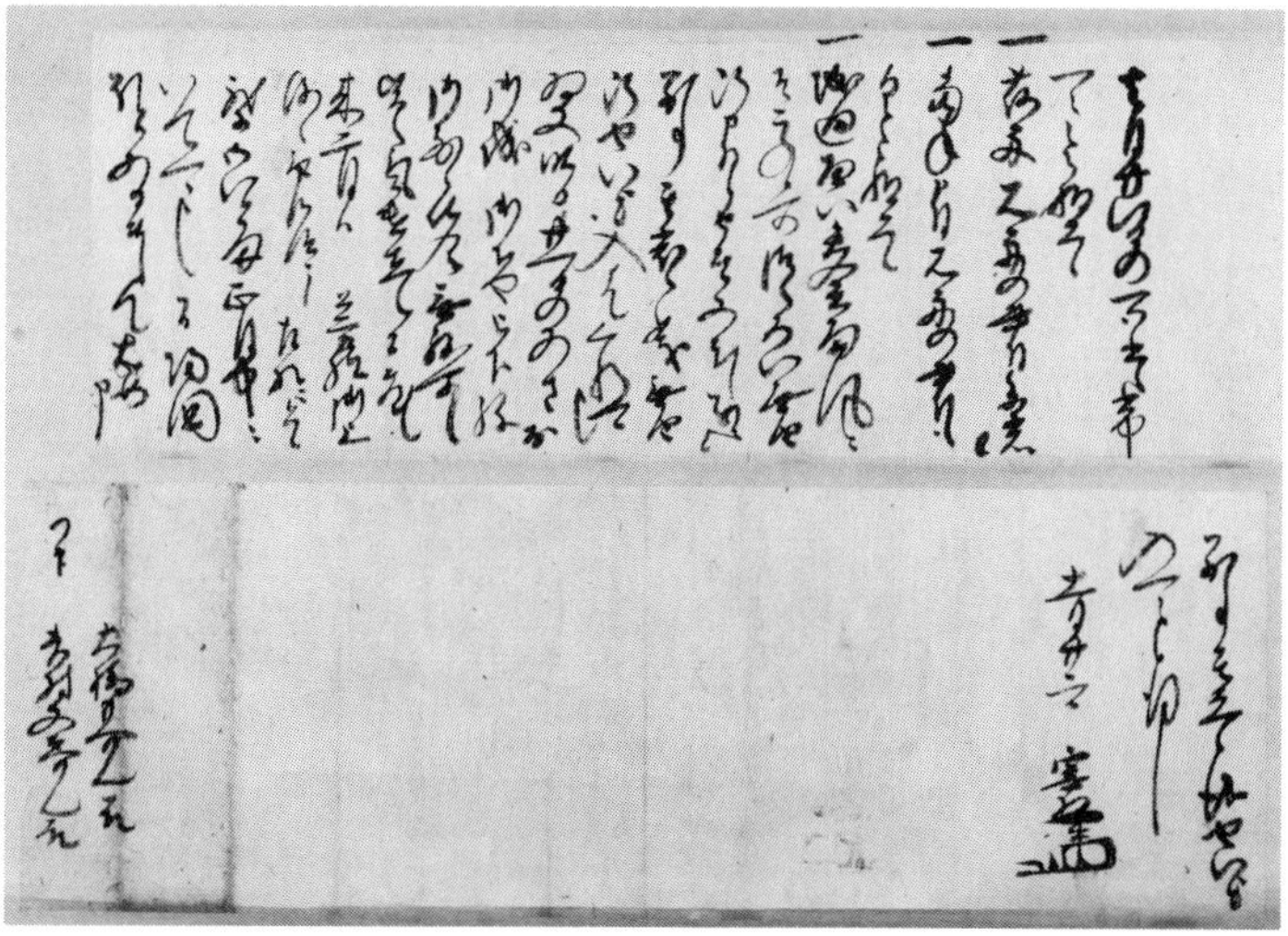

図11　元和４年11月22日付福島正則書状（所蔵：島根県松江歴史館）

一八）年のものであることがわかる。つまり右の書状が明言しているように、元和四年一一月二二日段階で、広島城普請についてゴーサインが出ているので、元和五年になってから行ったという主張は通らないということになる。

［史料1］と［史料2］を併せ見るならば後者が広島城の修復普請の開始を指令した文書であり、前者がその決算帳簿に承認の署判を施した文書として理解することができるであろう。これらは福島正則のまぎれもない現物の文書なので動かぬ証拠となる。したがって、福島側の言い分は通らない。元和四年中にすでに普請をやっていたという幕府側の主張を裏づけるものである。

次に、［史料3］は普請によって直ちに改易をされたのではなく、話し合いをしていったんは折り合

いがつき、正則が詫びるかたちをとってこの問題を解決しようとしたことを物語っている。(注8)

［史料3］［元和五年］福島正則、広島城破却の詫言

急度申入候、仍福嶋左衛門大夫殿居城、不被得御意被致普請候儀、御耳立申候処、不届之由被仰出、則彼居城被致破却、御前相済申候、其許ニ而、何茂無心元可被存候間、被相尋候衆へハ、右之段可被仰遣候、将又左衛門大夫殿国境之衆并松宮内少殿・本美濃殿なとへハ、貴殿より相済候趣可被仰入候、恐々謹言

四月廿四日

板倉周防守［重宗］
安藤対馬守［重信］
土井大炊助［利勝］
本多上野介［正純］
酒井雅楽頭［忠世］

板倉伊賀守［勝重］殿
人々御中

尚以、公方様御上洛も五月五日と被仰出候間、可被成其心得候、以上

これは幕府の老中（厳密にはこの時代は「年寄り」と称する）が連名で、京都所司代の板倉勝重に対して指令したもので、このような様式の文書は「江戸幕府老中連署奉書」と呼ばれる。文面は、広島城の無断修築を行った福島正則に対する厳しい処分が回避されたことを報知する内容である。

現代語訳すれば以下のとおり。

「厳格に伝達します。福島正則の居城広島城については、将軍の許可を得ずに普請したことが将軍秀忠様のお耳に入り、不届きであると仰せになりました。そこで正則は無断修築をした広島城を破却すると申し出たことから将軍秀忠様も得心をされ、問題は解決しました。京都や西国方面では、福島正則に対してどのような幕府の処分が下されるかと不安に思っている大名衆も少なくないことでしょうから、もし尋ねてくる向きがあったなら、右のように回答してください。また福島領国である安芸・備後国と国境を接している大名ならびに岡山藩主の池田忠雄と姫路藩主の本多忠政たちに対しては、あなたから問題が解決した旨を伝えてください。追伸、将軍秀忠様の上洛は五月五日と発令されましたので、そのように心得られておくように」という文面である。

かなり緊迫した状況が支配していたことが、この文面からも見てとることができる。文中の「国境之衆」とは、正則の領地が安芸・備後の両国であることから、それと国境を接している周辺の諸大名が幕府の命によって、両国を制圧するために軍事出動をしているという状態である。それらの諸大名に対しても、この問題は解決したので軍を引くように伝えてもらいたいという指令である。

「松宮内少殿」と「本美濃殿」はそれぞれ岡山藩主の池田忠雄と姫路藩主の本多忠政で、ともに安芸・備後国とは国境を接しているわけではないけれど、福島領の軍事的制圧のためには不可欠と見なされて、この両大名に軍事出動が命じられていたと思われる。そしてこの二大名に対しても軍を引いてもらって構わないと伝えてもらいたい由である。

広島城の無断修築問題によって福島正則の改易といった事態に発展する可能性は充分にあり、そこでこのように周辺大名が福島領国に対する軍事制圧のために動員されているということである。大名改易とは、将軍の命令一つで無抵抗のままに実現するものではなく、あくまでも戦争行為として遂行されていたということである。

しかしこの緊張状態は右の老中奉書が物語るとおり、正則が広島城を破却すると表明して将軍秀忠に詫びを申し出たことによって、四月二四日段階では解消できたはずであった。

将軍秀忠は、先の老中奉書の末尾に記されていたように、五月になると上洛して伏見城に入った。末娘の和子（のちの東福門院）の後水尾天皇との婚姻の儀である入内《じゅだい》の行事を差配するためであった。

しかし伏見城に入った秀忠にとっての気がかりは入内の儀もさることながら、同時に広島城のことである。約束通り広島城の破却は進捗しているかどうかが問題となる。しかしながら、次に掲げる［史料4］によるならば、それはなされていなかったということである。

［史料4］　福島正則改易申渡(注9)

今度広島普請之事、被背御法度之段、曲事ニ被思召候処、彼地可有破却之旨、依御訴訟、構置本丸、其外悉可被破却之由、被仰出候、然所ニ、上石計取除、其上以無人、送数日之義、重畳不届之仕合思召候、此上は両国被召上、両国為替地、津軽可被下之由、被仰出之候也、謹言

六月二日

安藤対馬守重信

（三名略――板倉勝重・土井利勝・本多正純）

酒井雅楽頭忠世

福島左衛門大夫殿

一部に人物の入れ替わりはあるが、これも［史料3］と同じく江戸幕府の老中連署奉書である。その内容は、福島正則に対して改易（厳密には「減転封」）を通告するものである。

これも現代語訳を掲げよう。

「今度、福島正則が武家諸法度に明記する無断城郭修築の禁に違反したことを将軍秀忠様は重罪であると思われたが、正則が広島城を破却すると言って嘆願してきたので、広島城の本丸は残して、それ以外の箇所はすべて破却するよう秀忠様は命ぜられた。しかしながら、福島側のやり方は城の上石を取り除くばかりで城郭の破却とは言えず、その上に作業人足がたりないという理由で、いたずらに日数を送るばかりであることは、重ね重ねの不届きとお思いになられた。かくなる上は、正則の安芸・備後両国は没収し、替え地として津軽の地を下される旨を発令された」という文面である。


こうして正則は改易に処せられるのであるが、その理由は単に広島城の無断修築をしたからということではない。無断修築の件については正則が詫びを申し入れ、広島城を破却するということで宥免の諒解が成立していた。問題はこの広島城の破却箇所をめぐって、福島側と幕府側とで大きく食い違っており、その齟齬を秀忠は福島側の意図的なサボタージュと見なして、改易を断行したという展開なのである。

本丸を除き、その他をすべて破却するよう［史料4］には書いてある。これが問題となる。［史料3］は広島城を破却するとのみ記されていて、破却箇所は特定されてはいない。

この齟齬については、以下のように私は理解する。

広島城の無断修築がとがめられたことに対して、正則は広島城を破却すると申し出て宥免がなった。この場合、広島城のどこを破却するかといったなら、それは無断修築した箇所であると解するのが自然であろう。誰が考えてもである。それゆえにその段階では破却箇所の特定はすることもなかったのではないか。

ところがこのときの広島城の修築箇所はというと、［史料1］の正則書状に記されているとおり、本丸から外堀の惣構にまで至る同城の全域を覆っていた。もし無断修築箇所を破却するということになれば、同城のすべてを破却せざるを得なくなるであろう。ここに逢着して、破却エリアの特定の必要が双方に認識され、そこで同城の本丸部分は残して、それ以外の箇所を破却するという諒解が形成されたと見るのがいちばん自然な流れではないかと思う。

5　広島城の破却の実態

ところがその破却を福島側はほとんど行っていないと言って、幕府は非難している。(注10) 前述した改易後の六月一〇日に伏見城へ各大名の家老たちを集めて行われた事情説明の場では、より詳しく「城は二ノ丸、三ノ丸、遠かこひまで手を不付指置、本丸計壁ヲ取、少土をなてをとし」と述べている。つまり城郭の破却については、二の丸、三の丸、遠囲すなわち惣構の部分には手をつけず放置しており、本丸についてだけ郭を囲む土壁を取り払い、少しばかり土をなで落とすといったぐらいのことしかやっていなかったという指摘である。(注11)

ここに奇妙なことに、福島側は本丸を専ら破却していた。幕府側の説明では本丸はそのまま残し置き、それ以外の二の丸、三の丸、惣構を破却するという諒解であったのに、福島側は全く逆のことを行ったということになる。実際、このときの福島側による広島城本丸の破却はかなり大規模に行われていたようで、それは今日、同城の遺構の調査によっても確認されている。

この破却エリアをめぐる福島側と幕府側の食い違いをどのように解すべきか。一つの解釈としては、江戸において幕府から福島正則に対して申し渡された破却エリアに関する指令を、国元に伝達した際に食い違いが生じたということであろうか。しかしそのような単純な伝達ミスであるならば、再確認によって解消するような問題であろう。

すなわちこの破却エリアをめぐる齟齬は、そのような伝達ミスといったものではなく、より確信的な判断に基づくものと解さなければならない。(注12) これは正則からの指示に基づくものであるか、あるいは国元の福島家臣団の独自判断によるものであるかは不明であるが、国元の福島家臣団は

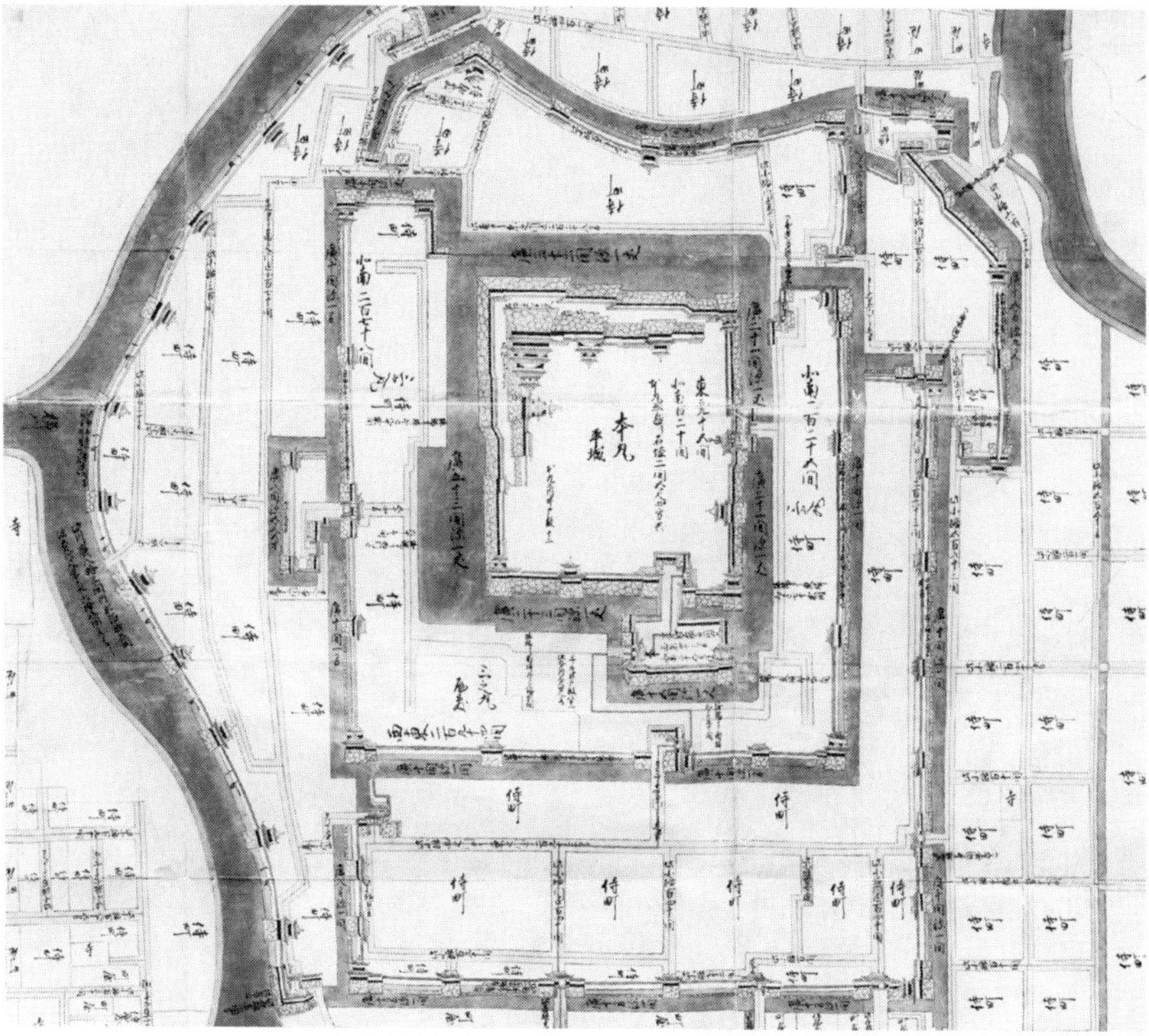

図12　正保城絵図《しょうほうしろえず》のうちの広島城所絵図（部分）（注13）

広島城の破却に際して、幕府との取り決めであったろう「本丸はそのまま残し置き、それ以外の部分を破却する」を取り違えたことにして、本丸部分の土塀をすべて撤去するなどかなり目立つように破却し、それ以外の部分については人手の不足などを理由にほとんど進捗させていなかったということであろう。

なぜか。それはこの広島城の姿を眺めるならば一目瞭然のことなのである。広島城の絵図を見ると、広島城の外周をなす惣構は文字通り鉄壁の防御態勢をとる形状を示している。櫓が一町おきに四十近く建築されている鉄壁の要塞である。

言うならば、惣構、外周が、広島城の生命線なのである。それを壊したら城としての意味を失う。そこで国元の家臣団は本丸の方を派手に壊した。勘違いをした体裁をとって本丸を派手に壊し、これで堪忍してほしいという詫びのメッセージを発していたのであろう。

6 幕府の立場

ところが、幕府はそれを認めなかったというのが、この広島城破却をめぐる事柄の核心的問題であったということであろう。この問題において、一貫して強硬だったのは、実は将軍秀忠その人であった。老中の面々はむしろ穏便にまとめようとしていた。福島正則が無断修築のところを破却すると言って詫びてきたことも、そもそも老中土井利勝の斡旋によるという記述も見られる。(注14)無断修築を咎められた正則が、それなら腹を切るまでと開き直っているところを土井が「もう少し返答のしようもあるのではないか」と説得したとされるのである。無断修築の箇所を破却するというかたちで折り合いをつけるよう促したのは、実は幕府の側だったのである。

秀忠も、いったんはそれを受け入れたが、約束とは違うかたちで行われたので許さなかった。秀忠が最もアグレッシブに出て、改易断行となったというのが実情である。老中たちだけならば、福島側が広島城本丸を目立った形で取り壊している姿を確認したならば、それ以上は不問に付したかも知れないという情況であったと思う。

［補論］　秀忠と正則

将軍秀忠がこの一件でことさらアグレッシブな態度に出ている背景には、多分に心理的な要素が深く介在しているだろうというのは見えやすい事情である。正則と秀忠、この両者はかの関ヶ原合戦において明暗を異にした両極だから。正則は同合戦を東軍勝利に導き論功行賞第一位の栄誉に浴した明の人であり、秀忠はこの天下分け目の合戦において遅参の屈辱を喫した暗の代表という構図になってしまった。第3章にも述べたように、それは秀忠の責任でも落ち度でもなかったのであるが、彼は終生そのトラウマに苦しめられることになる。

本多正純や土井利勝ら幕府老中たちは、今回の問題はできれば穏便にすませたく思っている。無断修築の一件で、福島改易といった事態に突き進んだ場合、周囲の豊臣系大名たちが次は自分がやられる番かと疑念を抱き、結束して幕府に立ち向かってくる恐れがあり、せっかく大坂の陣を乗り越えて幕府権力が確立されたいま、わざわざ幕府を危殆に追い込むようなことは避けたかったからである。

しかし秀忠にしてみれば、そのようなシチュエーションはむしろ望むところであろう。関ヶ原合戦第一の栄誉者を取りひしぐことによって、自己の将軍としての武威を天下に誇示するとともに、豊臣系諸大名の連合軍と一戦を交えるとなれば、これは第二の関ヶ原合戦というべく、秀忠にとっては年来の恥辱を一気に晴らせる好機となるとともに、西国に蟠踞する豊臣系大名たちの一大勢力を撃破して、徳川の勢力を西国に大きく押し及ぼせる画期となりうる。つまり秀忠にとって、自らの力で西国問題を一気に片づけて、徳川の天下を確立しうるという状況が見えてきたのである。

秀忠が、この問題でことさらにアグレッシブな態度を取り続けた背景的事情は、このようなものでなかったかと考える。


いずれにしても、これが事の顚末であり、従前言われてきたような福島を最初から狙い撃ちしたような幕府の謀略的改易というものではなかったということである。

7　広島城籠城一件

こうして幕府は改易を断行した。正則はそのとき江戸屋敷におり、江戸で軟禁状態であった。前掲の［史料3］にも記されていたとおり、福島領国の四周はすべて近隣の大名によって包囲されている。広島城と安芸・備後両国を接収するために派遣された幕府軍は、老中安藤対馬守重信が将軍の名代となって広島に向かった。ところが、国元の福島家臣団の側は国境を軍事封鎖し、幕府側の軍を一歩たりとも内へ入れぬという構えをとった。籠城、抵抗である。(注15)

「この城、領地は主君正則から預かったものであり、主君の許しがない限り、寸分たりとも渡すわけにはいかない。取りたくば力で奪い取れ」と徹底抗戦の構えである。

そこで安藤は――陸路は封鎖されているので――海路でもって広島の外港、音戸の瀬戸へ赴き、そこで福島家臣団を代表して広島城からやってきた大橋茂右衛門と会見した。この大橋は、前掲の［史料1］に広島城の普請奉行として登場していた人物である。なぜ城普請の担当者だった彼が来るかというと、その本職が鉄砲隊長だからである。今回の広島籠城事件に際しては、他の家老たちは国境各地に設けられた出城にあって国境封鎖を担当していることから、広島城本体の守備は大橋茂右衛門たちに託されていたのである。

それで大橋が代表として安藤と談判を行った。彼は、「主君正則からあずかった城地は、将軍の命といえども渡すことはできない。我らが主君は正則公であって将軍ではない」と意気軒昂。「ただし、主君正則が明け渡せと言うならば、それは別儀である」として、もしその証拠が示されるならば考慮の余地があるということで、いったん別れた。

そして安藤から会見報告を受けた幕府側の陣営では、「向こうはああ言っているがどうしたものか」、「いや直ちに軍を送って踏み潰せ」などといろいろ意見が出たが、やはりいったんは江戸に使者を派遣して福島正則の様子を確認しようということとなり、使者が江戸に派遣された。そして江戸において、幕府側から正則に対して、国元ではあのように申し立てているが存念はどうかと尋ねたところ、正則は「家康公がご存命ならば、いろいろ申したいこともあるけれども、家康公が亡くなって代替わりした今となっては申し上げることは特にない」として広島城の明け渡しに同意した。そして、異議なく広島城を明け渡すようにと命じた自筆の開城書付をしたためた。(注16)

その書付は使者によって現地へもたらされたのち老中安藤によって持参され、音戸の瀬戸で再会した大橋に引き渡される。大橋はこれを広島城へ持ち帰り、家老衆をはじめとする幹部が集まって正則公の直筆に間違いないと確認し、この上はもはや幕府軍に対して抵抗するいわれもなしと、城を掃き清めて粛々と城の明け渡しを行ったという。誠に水際立った、見事な立ち居振る舞いであった。

8　籠城と退去の作法

これはのちのち、大名改易が生じたときに城をあずかる国元家臣たちの作法の手本をなすこととなった。まずもって城と領地を固めて幕府の使節と軍隊の侵入に抵抗し、主君からの開城書付の到来を待ち、それを確認したのちに粛々と名誉ある撤退をする。これこそ家臣の道、武士の道に適うものとして、主君改易のときに対処すべき国元家臣たちの規範をなしたのである。このあと、類似の大名改易の事件が発生すると、国元家臣たちはこのかたちを踏襲することを常とした。(注17)

この事実を踏まえておくと、例えば、赤穂事件のときに大石内蔵助たちがなぜ籠城や城中での切腹といった行動に出ようとしていたのかが理解できる。(注18)あれは大石内蔵助の単なる思いつきではなく、むしろ伝統的に形成されてきた武家慣習法に則った行いであったのである。

ただ、赤穂事件の場合の固有の事情は、改易された主君浅野長矩が即日切腹を命ぜられたために、籠城に続く主君直筆の開城指令書付が出ないという問題であった。籠城はしたものの、その解決の鍵が存在しないという難問に逢着したところにある。下手をすれば、籠城を続けているうちに、接収の幕府軍と交戦状態に陥らないとも限らない。

しかしそれは赤穂家臣たちの欲するところではない。そこで、籠城、しかるのち城内にて全員切腹というかたちが議せられることになるのである（本事件の詳細については拙著『武家政治の源流と展開』清文堂出版、二〇一一年　を参照されたい)。

さてその後、正則は川中島に縮小転封となった。領国の安芸・備後を没収し、津軽の地へ移すというのが当初の考えであったことがわかるが、津軽弘前藩が猛烈に反対し、信州川中島に変更されることになった。(注19) しかしこの地で正則が没するや、結局は領地没収となる。正則は何といっても関ヶ原合戦において家康の勝利に貢献した論功第一の人物なだけに、その身一代の大名としての格式は保たせたが、子孫へのその相続は許さないという幕府の態度表明であった。

こうして正則の死とともに福島家は消滅するのであるが、広島城籠城を敢行した者たちは英雄扱いとなり、その後各藩から引く手あまたの状態となった。だから「大橋家文書」が松江に残っていたのである。

大橋茂右衛門については、広島城籠城戦の主導者の一人であり、その水際立った振る舞いのゆえに、のちのち諸大名から勧誘の申し出が相次ぐ状態になり、ついに松江藩松平家に召し抱えられ六千石の永代家老となって、後代にその名を残した、という話である。これはまさに武士の出処進退のお手本となる姿であろう。

しかし、実はもっとすごい者がいる。それはこのとき、国境の三原城をあずかって幕府の接収軍と対峙していた福島丹波という家老である。関ヶ原合戦はもとより、正則とともに幾多の戦をともにしてきた歴戦のつわものとして知られた老臣である。彼ももちろん引く手あまたであった。だが、「自分の主君は正則公一人。二君に仕えることはない」と述べて京の地に隠棲し、人知れず消えていったという。(注20)

大橋も福島丹波も、その籠城時における振る舞いといい、そののちの出処進退といい、これこそまさに武士道と呼ぶに相応しく、さすが当時の侍たちの気骨稜々たることに感銘を深くするのである。

2節　肥後加藤家の改易事件

二つ目の重要な大名改易は、寛永九（一六三二）年に発生した肥後加藤家の改易事件である。福島家といい加藤清正の加藤家といい、ともに豊臣恩顧の代表的な大名家が相次いで改易されたため、この種の改易事件が幕府の謀略だといわれるのも無理からぬところがある。加藤家改易事件の理由にいたっては、いっそう奇怪であり耳を疑いたくなるような話であるということが、このような事情に拍車をかけることにもなっている。

清正はすでに亡く、当主は清正の息子・加藤忠広で、その忠広の息子に光広という人物がいた。彼がこの事件の重要な登場人物であり、事件の概略は次のとおりである。

1　加藤家改易の謀略か

寛永九（一六三二）年正月に大御所秀忠が亡くなり、将軍家光の親政体制になる。そしてその頃のこと、江戸で家光政権をゆるがしかねない奇怪な出来事があった。幕府の正史である『徳川実紀』によって同事件の概略を示すならば、だいたい以下のようなことであった。(注21)

寛永九年四月頃、幕府小姓組番士である室賀源七郎正俊という者の家に、差出・宛名を欠いた書状を持ち来る者があった。室賀の家人が受け取りを拒んだところ、その使いの者はその後、この書を幕府代官井上新左衛門の門内に投げ棄てた。井上がこれを披見したところ、幕閣第一人者たる土井大炊頭利勝を首謀者として、天下を傾けんとするもので、このたびの将軍家光の日光社参の虚をうかがって挙兵するにつき急ぎ同意すべしとの趣であった。井上は驚いてこれを老中のもとに訴え、この密書を持参した者の探索が命じられた。江戸の町中を日々尋ね求めたところ、麴町あたりでこれを捕えることができ、糾問したところ加藤忠広の嫡子光広の家士前田某という者であった。

結句、この事件の結果、加藤清正の肥後加藤家は改易に処せられたというものである。しかしながら幕府転覆の密書であるとか、幕閣の重鎮土井利勝を首謀者にするとか、将軍家光の暗殺を企てるとか、およそありえない話であろう。しかもこの事件によって肥後加藤家が改易になったというのであるから、どこから見ても幕府の謀略による捏造事件にしか思えない。それゆえに、大名改易というと常にこの事件が想起され、それは幕府による謀略的な大名取り潰し政策であるという評価が定着してきたのである。

2　第一次史料による密書一件の概要

この不可解な事件であるが、この事件の実相に迫るべく、この事件と同時期に作成された第一次史料によって本事件を再検討してみよう。幸いに本事件に関しては、二種類の第一次史料を用いることができる。

その一つは「山内家御手許文書」(注22)と名づけられた、土佐藩の山内家に伝存する文書群である。江戸の家臣から国許の藩主に対して、江戸のいろいろな情報を伝達した書状が中心となっている。いま一つは、これまでにも扱ってきた「細川家文書」であり、細川忠興と子の忠利との往復書簡が本事件の情報を豊かに伝えてくれている。この二種の史料を中心としつつ、自余の史料も用いて本事件の事実関係を把握していこう。

まず「山内家御手許文書」の中に残された、江戸から送られた本事件の概要を伝える情報を見てみよう。

［史料5］　加藤光広の密書の風聞(注23)

「一、日光御成前ニ井上新左衛門所へ、誰となき文箱ヲ持候て、参番之者ニ相渡候処、名所も無御座候故、番之者請取不申候へハ、そとの駒寄ニゆい付置申候、以来新左衛門見出シ、文箱之内ヲ見申候処、大炊殿《土井利勝》・加賀肥前殿《前田利常》中合、別心被仕候儀、達上聞、御成敗ニ落付申候条、弥存被定、大炊殿ニへつしん《別心》被致尤ニ候、左候は脇詰をハ可仕之旨趣《(起)》請文ニ書添候文ニ而御座候故、新左衛門御年寄中へ懸御目候へハ、則被立御耳候処、文箱持参之者、見知候は為捕可申之旨、新左衛門ニ被仰付、彼者ヲ則捕申候、主を御尋被成候へハ加藤豊後殿《(加藤光広)》者ニ而御座候、文之儀ヲ御穿鑿被成候へハ、主人申付候条、持候而参候様ニ申候由承候、肥後守殿《(加藤忠広)》も内証ニて呼ニ被遣候様承候、肥後殿無御下候は落着仕間敷由ニ候」

これは本事件に関して山内家が江戸で入手した情報である。この覚書を寄せているのは「松平美作守」、すなわち伊勢長島城主（知行七千石）の松平定房という人物で、山内家の姻戚にあたる（注24）。

この覚書の文章を現代語にすると以下のとおり。

「将軍家光の日光社参の前のこと、旗本の井上新左衛門の屋敷へ誰ともわからぬ者が文箱を持参して、門番の者に渡そうとした。しかし宛名も記されていなかったので門番が受け取りを拒否したところ、門外の馬をつなぎとめる杭に文箱を結いつけて帰って行った。

主人の井上新左衛門が見つけ、文箱の中を見たところ、大炊殿すなわち当時幕閣の第一人者と呼ばれた老中土井利勝、そして加賀肥前殿すなわち加賀百万石の藩主前田利常、その両者が共謀して謀反を企んでいるということが将軍家光様のお耳に達し、この二人を処刑することに決まった。かくなる上は覚悟を決めて土井殿は謀反に進まれるのが当然であろう。そのときには、土井殿の脇を固めて協力するであろうという起請文（誓約書）のかたちをとった文書であった由である。

井上新左衛門は驚き、これを幕府の老中へ持っていったところ、家光にもそれが伝わった。そして文箱を持参した者の逮捕が井上に命ぜられ、井上はこれを捕えることができた。そして、主人は誰かを尋問したところ、加藤豊後殿すなわち熊本藩主加藤忠広の嫡子である加藤光広であることを白状した。文書の内容についても尋問したが、主人の命令で持参しただけであると答えた由である。熊本にいる藩主加藤忠広も内々に江戸に呼び寄せられたとのことである。忠広殿が江戸に来ない限り、この問題は落着しないのではないかと言われている」。

以上である。この覚書の内容は、だいたい、先述の『徳川実記』の記述と一致しているので、事件がこのようなかたちで当時の社会において諒解されていたと見てよいだろう。

しかし、幕府を転覆するとか、将軍家光を暗殺するなどというのは全く荒唐無稽な話にしか聞こえず、このような理由で清正の加藤家が改易されたことは、まさに典型的な幕府の謀略というのが昔からの牢固たる見解であった。

3　将軍家光暗殺計画の密書

しかしながら、本事件に関する第一次史料、すなわち本事件と同時進行的に作成・授受されていた書状などの内容を慎重に検討した結果、この幕府の転覆を企てた内容の密書は実在しているという心証を得るにいたった（注25）。以下に、そのことを説明したい。

細川忠興は関ヶ原合戦でも活躍し、同合戦ののちには小倉藩主となっていたが、すでにこの時期には隠居して「三斎」と称していた。父幽斎の薫陶を受けて歌道や有職故実に通じ、また利休七哲に数えられるなど茶人としても知られており、幕府内部にも多くの知己を得ていたことから、諸方面の情報ルートに恵まれていた。その彼が記したものの中に、次のような機密情報がある。

これは国元にある現藩主である細川忠利に宛てた同年五月二四日付の書状である。

［史料6］　幕府より五国持大名への説明（注26）

「一、加肥後（加藤忠広）当地著之様子、飛脚三人上せ申進之候つる、今廿四、政宗（伊達政宗）・北国之肥前（前田利常）殿・嶋大隅（島津家久）殿・上杉弾正（上杉定勝）殿・佐竹（佐竹義宣）殿召させられ、加肥後（加藤忠広）無届と御直ニ被仰聞、此中ニ取沙汰仕候書物二ツ、右之衆へ御見せ被成、御代始之御法度ニ候間、急度可被仰付と御諚之由候、その時伊掃部（井伊直孝）殿、加様之儀は急度被仰付候ハて不叶儀と被申由候、如此ニ候間、今朝之内、切腹たるべしと存候事」

これの現代語訳は以下のとおり。

「今月の二四日、伊達政宗、前田利常、島津家久、上杉定勝、佐竹義宣という五人の有力大名が江戸城に呼び寄せられ、将軍家光から加藤忠広は不届きであると直接に聞かされた。本事件に関して取りざたされている文書二つを右の五人の大名たちにお見せになり、家光の親政にとって最初の法的問題であるので、厳格に処断すると決定されたとのことである。そのとき、家光の側に侍っていた元老格の井伊直孝は、このような問題は厳格に処置されなくてはすまないことであると申されたとのことである。このようなことであるので、今朝のうちに加藤忠広・光広父子は切腹となるであろうと思っている、と」。

以上が書状の内容である。

この文面で重要な点は、第一に前田利常ら有力五大名だけが家光に召喚され、江戸城内の一室で家光と対面していること。第二に、世上で人々の噂となっていた密書なるものが、有力五大名の前に提示されたということ。単なる噂ではなくて、密書と称せられる実物がはじめて幕府外の人々の目に触れるにいたったことは非常に重要であろう。ただし、それが本物か偽物かということは、もちろんまだわからないことであるが。

ここで、この五人に対して家光がいったい何をやろうとしているのかが問題となる。このような不届きなことをやった以上は、断固たる処置を取ると伝えた。この話を聞いた細川忠興も「切腹は免れないだろう」と感想を述べている。

この文書は、確かに加藤家の改易を断行することを五人に通告している。しかし加藤家の改易断行の通告は江戸にいる諸大名に対して、これとは別個に行われているのである。(注27)それゆえに、なぜこの五人だけを特定して呼ばねばならないか、それがこの召集の核心である。この召集は五人に改易の断行を通告するのが主目的ではなくて、提示された密書なるものが本物であるかどうかの証拠確認を五人に求めるところにあったのだろうというのが、私の解釈である。

家光暗殺や幕府転覆といった話は、当時の人間でも荒唐無稽な作り事としてしか受け止めない。むしろ幕府の謀略なのではないかと疑われるのが自然あろう。幕府側としては、この問題がそのように見られてしまうことが、いちばん対応に苦慮したことであった。そこで、内々に五人だけ召集した。幕府の方も、家光と元老格の井伊直孝の二人だけのようである。この七人だけが、そこに提出された二つの文書を前に、当該密書なるものの真偽確認をしている情景が浮かび上がってくる。ここで留意すべきは、問題の密書にかかわる文書二つが提出されていたとする点である。

なぜ二つなのか。これはこの当時によくある、文書の真偽判定に際して用いられる基本的な確認方法であろうと推測される。すなわち一つは問題となっている件の密書。もう一つは、この密書作成の容疑者と目されている加藤光広の自筆の書状などであり、筆跡照合のための対照資料として提出されたものであろう。

つまり、ここでは問題の密書を前にして、その筆跡鑑定を行っているわけである。彼らの前に提出された二つの文書の筆跡が同一であるかどうかを、五人に確認させているのである。五人は幕府外の外様大名であり、前田は豊臣系外様大名、残りの四大名は旧族系外様大名。いわば客観的な立場で本問題を眺められる有力大名である。その彼らに密書実物の筆跡照合を求め、これが間違いなく光広のものであることの確認を行い、併せて、世上で言われている密書が幕府のでっち上げでも謀略でもなく、間違いなく実在しているということの証拠確認をした、と見るのが妥当であろう。

将軍家光が五人の有力大名を召集して、問題の密書を見せたという点については、もう一つの史料「山内家御手許文書」の方でも同様の情報が記されている。（注28）五人の名前が少し細川忠興の書状とは違うが、いずれにしても前田・島津・伊達を含む有力外様大名五人を召集して、その書き物を見せていることは間違いない。

つまり密書は実在している、というのが私の判断である。そして密書が実在しているというのは、次のことによってもわかる。

［史料7］　加藤父子の糾明（注29）

「其後永井信濃（永井尚政）殿・稲葉丹後（稲葉正勝）殿遣され候、其様子ハわきの者不承候、肥後（加藤忠広）御返事ハ、ゑん（縁）より下へおり、せかれ無調法を仕出候、御検使次第いか様ニも可申付由被申候、又豊後(加藤光広)ハ、私むさと仕たる儀ヲいたし候条、御諚次第ニ覚悟仕と、ゑんの上より被申たる由候、此儀は、伝説なから慥成儀候」

五月二二日には熊本藩主の加藤忠広が熊本より出府してきて品川に到着し、二三日には池上本門寺へ入り、さらに既に光広が謹慎している泉岡寺なる所へ移り、父子ともに「寺入り」による謹慎の体であった。「寺入り」というのは罪や重大事を引き起こした人物が、仏の慈悲にすがって宥免を求める謹慎の態度である。

この「寺入り」による謹慎を行っている加藤父子のもとへ、家光の意向を受けた老中の永井尚政と稲葉正勝の二人が遣わされ、糾明に及んだ。

このとき加藤忠広は建物の縁側から地面に降りて土下座し、「息子がとんでもないことをしでかしました。御検使の御検分のとおりどのようにも処罰致します」と申された。ところが息子の光広の方は縁側から降りず、縁側の上から「私は迂闊なことをやってしまいましたので、幕府の御命令に服する覚悟です」と申されたということである。この話はもちろん伝聞ではあるが確かなことです、と。

忠興の書状が記す情報は以上のとおりである。

これによれば二人ともこの件では詫びるのみであり、濡れ衣、冤罪であるといった弁明はしていない。つまり密書を出したこと自体は否定していないのであり、ここから密書は実在しており、それが光広から出たことが動かぬことになってくる。幕府の謀略ではないということである。

しかしこの件では幕府はさらに慎重に対処した。すなわち、これほどの重大問題を引き起こした以上、熊本藩加藤家の改易は免れないことであるが、将軍の暗殺とか幕府転覆の陰謀などを改易理由にあげるわけにはいかない。そのようなことを企んでいる者がいると認定すること自体、幕府の威信を傷つけることになってしまうから。

そこで密書一件については、このような子どもじみた悪ふざけは相手にするにも足りずと一笑に付す態度を取った。そしてむしろ別件、すなわち加藤忠広の日常が不行状に満ちていること、そして事件を糾明している間に発覚したのであろう、加藤忠広が江戸でもうけた子どもを無断で国許に帰したというようなこと、それらを理由に改易を断行したのである。

幕府は同年六月一日、月次《つきなみ》の御礼のために江戸城に登城してきた諸大名に対して、この改易理由とともに肥後加藤家の改易を公表している。(注30)

4 密書一件の背景

それにしても加藤光広は、なぜこのような密書を流したのであろうか。加藤父子は、これは単なるいたずらであると弁明しているし、幕府側もこれを子どもじみた行為と吐き捨てているが、はたしてそれだけで済むことだろうか。

密書には幕府の重鎮である老中土井利勝の名前が出ている。密書においては、土井利勝を首謀者として将軍家光を暗殺し幕府を転覆するという構図で語られているが、彼の名前を出すことによって、家光と土井利勝の離間を図るという策が見えてくる。この事件では密書を持参した人間が早めに捕まったからいいようなものの、さらに長引くと両者が徐々に疎隔していくことは避けられないであろう。それを狙ってのことであった恐れなしとしない。

細川忠興の書状によると、みなが関心を持って注目している土井利勝の動静について書いている。「土井殿は以前と全く変わりなく登城して務めている。でもなにか不自然で無理をしているようだ」、と。また別の日の書状には「そういえば土井殿のところには去年から諸大名が集まって何かをしていた」という、この種の疑惑問題につきものの常套的な猜疑の文言が現れてくる。(注31)「そういえば」という表現は人間の心理の常で、次々と疑心暗鬼を湧きおこしていく疑惑の源泉である。密書は、それを狙ってのことという可能性も考えなければならない。そうして、家光と土井利勝の間を疎隔し、幕府内の分裂を図るために一石を投じている疑いはないか。単なるいたずらではなく、かなり確信犯的な謀略という筋が見えてくる。

さらにこのような分裂が、より大きな勢力と結びつくならばどうなるであろう。将軍家光はその頃、危険な爆弾を抱えていた。実弟である駿河大納言こと徳川忠長である。一時は第三代将軍の座が有力視されながらかなえられず、駿河・甲斐国などで五五万石を領する一大名に甘んじていた。そして将軍になれなかった鬱屈から、粗暴、専横の振る舞いが続き、将軍の家光に対しても不遜の態度をとるありさまであったことから、父である大御所秀忠はこれを憂慮し忠長を甲府に移して謹慎させていた。

そのような忠長に対する家光の態度であるが、この加藤密書事件が片づいたあとの同年一〇月、忠長に対して改易を断行し、領地である駿河国を没収した上で忠長を上州高崎の地に幽囚の身とした。そしてさらに、その翌年の寛永一〇年一二月には忠長を自害に追い込んでしまう。これは老中であった阿部重次が家光の密命を帯びて高崎に行き、忠長を幽閉している屋敷の周りを竹矢来で取り囲んで圧迫し、自害に追いやったものである。

このように当時の家光政権には、それを取り巻く不穏な情勢が存在していた。加藤が動くだけならば幕府は倒れないけれども、幕府内部に抱えているさまざまな矛盾や軋轢と連動するとき、密書一件は単なる子どもの悪ふざけではすまなくなっていくことであろう。

この事件は幕府の謀略ではなく、明らかに加藤側が墓穴を掘っているものの、結果としては幕府に大きな恩恵をもたらした。熊本の加藤が除かれ、そこに小倉の細川が入り、小倉へは有力譜代大名の小笠原一五万石を入れることによって、幕府は九州に強力な橋頭堡を築くこととなる。これにより幕府は、東北から九州に至る全域にわたって支配力を及ぼすことができるようになり、全国を直接に統治することが可能となった。

そういう意味で、寛永九（一六三二）年のこの事件は幕藩体制の歴史において一つの重要な画期をなしている。これを機に、もはやいちいち大名に対して融和策を取ったりする必要はなくなり、家光の力の政治が前面に押し出されていくこととなるのである。

大御所秀忠が死んだことで、政権が非常に不安定になっていたが、この事件を乗り切ることで、逆に家光政権は強化された。そして同一一年の三〇万の兵を率いた上洛、一二年の参勤交代制度の導入、一三年の壮麗なる日光東照宮の造営と続くことによって、家光政権は確立されていくのである。

3節　大名の転封

改易とならぶもう一つの重要な政治問題は大名の転封である。

江戸時代における転封（所替）の事例は大変多い。大名の領地が頻繁に移動させられるわけであるから、徳川時代の大名を指して「鉢植え大名」と称し、その自立性がはなはだ脆弱なものと見なす理解が広く行われてきたのも宜《むべ》なるかなである。しかしはたして、そのような歴史認識は妥当であったろうか。

1　転封の種類

まずは転封の理由から見ていくことにしよう。

まず、「賞罰型転封」がある。合戦の恩賞などとして広大な領地への所替をするもので、この場合は加増転封というかたちをとる。単に移るだけではなく、移るにあたり石高の加増を伴って転封する「加増転封」という概念である。

反対に、処罰による領地の減少を伴う「縮小転封」も存在しているが（前節の福島正則のケースは形式的には縮小転封）、ここでは「加増転封」というポジティブな意味の転封を取り上げる。

二つ目は、「幼少転封」といい、重要な城郭については藩主が幼少の場合は他のそれほど重要でない場所に所替をされるという原則で、姫路城や岡山城がその対象になっている。特に姫路城は西国の押さえ・要となる重要な城であることから、その当主が幼少であると所替をするという原則がのちのちまで続いていく。

最初の事例は元和三（一六一七）年の池田光政の場合で、彼は後に備前の名君として知られることになるが、この年に父の利隆が死んで家督相続したけれども、光政はまだ九歳の幼少であったために、要衝の姫路はまかせられないということで、姫路は収公となり、鳥取へ転封となった。

それから寛永九（一六三二）年の岡山城主池田光仲。これもやはり池田である。ここで少し説明を加えると、池田には両池田があり、池田輝政と前妻の中川氏との間に生まれた池田利隆の系統はのちの岡山藩につながる池田家となり、池田輝政の後妻である家康の娘・督姫（とくひめ・ごうひめ）との間に生まれた忠雄系統はのちの鳥取藩の池田家となる。忠雄の子が光仲である。

この両池田だが、前述のように池田光政は、姫路城主であった父・利隆の死後、転封されて鳥取へ移った。そして寛永九（一六三二）年、忠雄の息子であった光仲がやはり幼少であったことを理由に岡山から鳥取へ移され、鳥取にいた光政が岡山へ転封となって光政系の岡山藩ができるという非常に複雑な姿を示している。これらが、幼少によって転封された事例である。

ちなみに、このように転封を繰り返した両池田家であるが、この寛永九年の転封をもって双方の領地が確定し、光政系の岡山藩と光仲系の鳥取藩とは、移動することなく幕末を迎える。

もう一つの重要な転封パターンは、「行政的転封」と称するもので、全国各地の譜代大名が幕閣などに起用されたとき、つまり老中などに起用されたときは、関東地方の城に転封されるという原則である。

この「行政的転封」が大事で、実は転封問題の中心をなしている。これは老中など幕府要職に就任するための転封であり、それだけだと一つの転封ですむが、このときに第三のダミーを入れた転封をするのである。

つまり、仮にAをある地方の城、Bを関東地方の城として、Aの甲氏が乙氏のBへ移るとする。しかし単に甲氏と乙氏を入れ替えると栄転と左遷がはっきりしてしまう。そこでダミーの城としてCを入れ、Cの城主丙氏がAに行き、Bの乙氏がCへ行き、そしてAの甲氏がBに入るのである。これを「三方領地替」という。今の会社・官庁でもよくやる三角人事である。昇進と左遷を見えないようにするカモフラージュ人事が入るために移動数が多くなる。一件の移動に対して常に三つの転封が発生するので、転封件数が多くなるわけである。

「行政的転封」という概念を知らないと、徳川時代の転封は正しく理解できない。徳川時代において頻繁に発生している大名の転封例を見てみると、多くの場合は第三の行政的転封であり、国持大名を中心とする外様系の諸大名は、寛永年間以降はほぼ動くことなく定着をしている。すべての大名がまるで鉢植えの如く、将軍の恣意によって自由自在に動かされる、というイメージは誤りである。

2 国持大名の転封

特にここで重要なのは、国持大名の転封例である。

徳川時代の大名をとらえるとき、単に外様、譜代という分け方ではダメで、大名のカテゴリーとしての国持大名というのが常に大事になる。(注33) この国持大名、つまり、備前国、播磨国、加賀国という旧国郡を一国単位で、あるいは一国に準じるかたちで、藩領として領有する大名が国持大名である。これはいわゆる大大名であり、幕末には雄藩と呼ばれている。

その転封例を見ると、後述するとおり、一〇例しか存在しない。ただし、この一〇例の中には、寛永二〇（一六四三）年の丹羽光重の例が入っている。しかし、丹羽光重は純粋な国持大名というよりは準国持大名なので、本来的な意味での国持大名の転封については、寛永一一（一六三四）年に京極忠高が一五万石の加増をもって出雲国松江に転封となった事例が最後となる。これ以後、国持大名の転封は存在しない。寛永一一年というと、近世初頭の、家光政権がまだ確立しきっていない時期であるので、逆に言うなら、家光政権が確立して幕藩体制が安定すると国持大名の転封は実はなくなっているのである。

改めて国持大名の転封の内容を調べてみると、第一が、慶長一三（一六〇八）年の藤堂高虎の例で、伊予今治二〇万石から伊賀一国と伊勢安濃津（伊勢津）の計二二万九五〇石に移されている。これは大坂城対策であり、高虎を津にやって大坂城包囲網の一環としているわけだが、この場合、石高は加増転封となっている。それから、そもそも伊予と伊賀・伊勢では場所の条件の有利さが違う。この時代は京都中心の政治地図なので、京から近い伊賀・伊勢への転封は優遇である。位置の優遇と二万九五〇石の加増、つまり加増転封の原則に沿っている。

第二は、元和三（一六一七）年の池田光政で、播磨四二万石から因幡鳥取三二万石へである。石高が減少しているが、これは幼少原則によるもので、幼少者にはハンディキャップがあるので、恣意的な減少ではなく、合理的根拠を有するいたしかたのない減少である。

第三は、元和五（一六一九）年の浅野長晟のケースで、紀伊和歌山三七万石から安芸広島四二万石へと、典型的な加増転封となる。かの福島正則改易のあとは、やはり豊臣大名である浅野が広島に入り、ここで浅野広島藩ができる。

第四は、同じく元和五年の松平忠昌。これは徳川の家門大名（いわゆる「親藩」）になるが、信濃川中島一二万石から越後高田二五万石への加増転封である。

第五は、寛永元（一六二四）年、同じ松平忠昌が越後高田二五万石から越前福井五二万石へと加増転封、しかも倍増転封である。

第六は、寛永四（一六二七）年の加藤嘉明・伊予松山二〇万石から陸奥会津四〇万石へ、これも倍増の加増転封である。

第七は、寛永九（一六三二）年の池田光政と池田光仲との交替。これは池田光仲が幼少であることによる転封なので、幼少原則に沿った妥当なものである。

第八は、同じく寛永九年に、細川忠利が豊前小倉三九万九千石から肥後熊本五四万石への移動。これは先に述べた熊本の加藤家改易事件に伴うもので、加増転封である。

第九は、寛永一一（一六三四）年、京極忠高が若狭小浜一一万石から出雲松江二六万石への移動。これも加増転封となる。

このように、国持大名の転封というのは、幼少・処罰の事例を除いた普通の転封ならば、必ず加増転封であるということがわかる。

第十は、先ほどふれた丹羽光重のケースである。これだけが陸奥白河一〇万石から陸奥二本松一〇万石へと移り、城の格からも二本松の方が格下である。ただし、丹羽は国持大名とはいえず、また関ヶ原合戦では西軍に与し改易処分となっている。そして徳川麾下の大名として改めて一万石から取りたてられるのである。外様というよりは譜代に近いかたちなので、国持大名と同列にはできない。したがって、例外として除外してもさしつかえないと思う。

以上、要するに京極忠高の出雲国松江への転封が国持大名としての最後の事例となり、それ以降転封は幕末まで行われていない。だから、われわれが通常抱いている、徳川時代の大名は幕府によって鉢植えのように自由自在に動かされているというイメージは、むしろ誤りであるとした方が大名理解のためには適切なのである。動いているように見えるのは、ほとんどが行政的転封であり、行政的転封が「三方領地替」によって行われたために、よけいに多いように見えるのである。

従来、徳川時代の大名を親藩・譜代・外様という分け方をしていたために、国持大名もそうでない者も一緒にまとめてしまうので、幕府が諸大名をすべて自由に動かせるという根強い通念が定着してきたが、ここに国持大名という概念を入れてきちんと整理すると、寛永年間以降の徳川時代二百年間は、むしろ大名の領地は移動しないものなのだという結果が歴然としている。

徳川時代のイメージとして、幕府・将軍の権力が圧倒的に強大であるとする認識の根拠の一つが「鉢植え」大名論であり、大名の領地が恣意的に移動させられるという通念が根深かったけれども、それらの認識は大きく改められる必要があるということであろう。

むすびに

幕府の大名統制策として受け止められている、改易と転封という二大政策について見た。そしてこれらの政策が、幕府による外様大名の排除を意図した謀略的ないし権力主義的な施策であるとこれまで見なされてきたのであるが、一面ではそれは無理からぬところがあった。

幕府の初期の改易政策の対象となって取り潰されたものに安芸・備後両国を領有した福島正則および加藤清正の子にして肥後国を領した加藤忠広があった。この両者は言うまでもなく豊臣恩顧の大名の代表格であり、幕府はこの二大名を取り潰してそれぞれ五〇万石規模の領地を没収したこと、さらには両者の領地の地政学的位置が重要であり、それまで幕府の支配力が及んでいなかった中国地方と九州地方の要地を抑えることによって、一気にその支配力を日本全土に押し及ぼすことができ、幕府の全国支配が確立されたのである。

これだけでも、これらの事件が幕府の意図的施策という疑惑を生じるのに充分であるのに、その改易の理由にいたっては耳を疑いたくなるようなものであった。福島の場合の、城郭の無断修築というやり取りもさることながら、加藤家の場合にいたっては、将軍を暗殺するの幕府を転覆するのというう嫌疑なのであるから、これらの施策が幕府の謀略に出たものであろうとする認識には無理からぬものがあった。

しかしながら本書で明らかにしたとおり、当日の第一次史料で検討する限り、福島正則が広島城の無断修築を行っていることは疑いなく（かなり早い時期に普請を指令した正則の書状が存在している）、加藤家から問題の密書が出されていたのも事実であった（幕府は五人の有力国持大名に問題の密書を確認させており、また加藤家側からも不調法を詫びるのみで冤罪の抗弁が皆無）。

結果として、幕府は莫大な利益をこの両事件から得ることになったのであるが、両事件ともに幕府側からなにがしかの謀略を仕掛けたという事実は存在しない。この点は、幕藩体制における幕府権力のあり方を考える上で重要である。

大名領地の移動を命じる転封問題についても同様であり、従来、近世大名は「鉢植え」的存在としてとらえられ、思いのままに大名を移動させうる幕府権力の圧倒的強大さという歴史像が描かれていた。しかしながら徳川時代を通して頻繁に移動せしめられていたのは譜代大名であり、それらはもっぱら幕閣人事に伴う行政的措置にほかならなかった。

国持大名クラスについては、その転封は早く寛永時代には終熄しており、幕末に至るまで領地の移動は皆無となる。しかもそれ以前の転封にしても、大名が幼少であるなどの事由によるそれを別とするならば、転封は領地加増を伴う加増転封が原則であった。

このように従来は、改易と転封の問題は幕府権力の強大さの証であり、幕府政治もまたそのような権力主義的性格のものとして理解されてきたのであるが、幕府はむしろ個々の大名改易の理由や背景的事情を諸大名に対して開示、説明するという姿勢すら取っており、改易と転封に関する従来の認識は改められる必要があるだろう。

注

1 三上参次『江戸時代史』(冨山房、一九四三、復刊 講談社学術文庫、一九七六)、栗田元次『江戸時代史・上巻』(復刊 近藤出版社、一九七六)、藤野保『幕藩体制史の研究』(改訂増補版 吉川弘文館、一九七五)

2 広島県編『広島県史』通史編Ⅲ。なお元和元(一六一五)年武家諸法度の第六条は次のように規定する。「一諸国之居城雖為修補、必可言上、況新儀之構営堅令停止事」(『御当家令条』三号〔『近世法制史料叢書』第二 創文社〕)

3 『改定史籍集覧』別記部、第一九五『福島太夫殿御事』(近藤活版所)

4 この幕府側の説明内容については、この説明の場に参集していた秋田藩佐竹家と仙台藩伊達家のそれぞれの家臣から藩への報告内容によって知ることができる。東京大学史料編纂所編『大日本古記録・梅津政景日記』(岩波書店、一九五七)、平重道編『仙台史料大成・伊達治家記録』三(宝文堂、一九八三)

5 元和八年一〇月二一日付、細川忠利書状［細川忠興宛］(『熊本県史料』近世篇、「部分御旧記」第一冊)

6 島根県松江歴史館保管。

7 この「大橋家文書」を残すことになった大橋茂右衛門は、慶長末年の福島家の分限帳では「千石、物頭」(『広島県史・近世資料編Ⅱ』)、この元和四年の広島城の普請・作事の奉行であったと思われる。彼は福島家改易で牢人したのち、松江藩松平家に六千石の高禄で召し抱えられ、その子孫は代々松平家の家老を勤めて幕末に至っている(国立史料館蔵、出雲国松平家文書「列士録」)。

8 『譜牒余録』巻三一「本多中務大輔之三」(国立公文書館内閣文庫蔵)

9 『東武実録』元和五年六月（『内閣文庫所蔵史籍叢刊』第一巻（汲古書院、一九八一）

10 『徳川実紀』元和五年六月二日条

11 東京大学史料編纂所編『大日本古記録・梅津政景日記』

12 東京大学史料編纂所編『大日本古記録・梅津政景日記』元和五年六月九日条。同書には「御使ニ而、何やらん御書物被遣候、此はつれ御座候ハヽ申上候へと、公方様より御理之由、備後殿御返事ニハ、万事親次第之儀ニ御座候間、親御返事次第ニ何れ之道ニも被仰付候へと、御返事被申上候由」と記されている。これは広島城の破却箇所の食い違いに関して、将軍秀忠から詰問状があったこと。それに対して正則の嫡子忠勝が、すべて親正則の考えどおりに行動することなので、親正則の返答次第、どのようにでも御処分くださいと返事した、の意である。

13 国立公文書館内閣文庫所蔵

14 『福島太夫殿御事』の中に、無断修築の件の申し開きを幕府より詰問されたのに対して、正則が「私しハ腹切申候より外無御座」と答えた時、幕府老中の土井利勝は「太夫殿も又何とそ御請の被仰上様も可有御座候」と正則の家臣に語ったという叙述がある。

15 『東武実録』元和五年六月条、ならびに『福島太夫殿御事』。

16 東京大学史料編纂所編『大日本史料』元和五年六月二日条

17 笠谷和比古『近世武家社会の政治構造』第十章「大名改易論」（吉川弘文館、一九九三）

18 笠谷和比古『武家政治の源流と展開』第九章「赤穂事件と武家慣習法の世界」（清文堂出版、二〇一一）

19 広島県編『広島県史』通史篇Ⅲ

20 玉井源作・手島益雄『広島県人名事典』（歴史図書社、一九七六）

21 『徳川実紀』寛永九年四月一五日条

22 土佐山内家宝物資料館蔵

23 寛永九年四月晦日付、松平美作守覚書

24 『新訂増補寛政重修諸家譜』第一冊三一一頁（続群書類従完成会）

25 筆者がはじめてこのような見解を公表したのは、「徳川幕府の大名改易政策を巡る一考察 一」（『日本研究』第三号、国際日本文化研究センター、一九九〇年九月）においてである。

26 寛永九年五月二四日付、細川忠興書状（『細川家史料』九六〇号）

27 『徳川実紀』寛永九年四月一五日条

28 寛永九年五月二六日付、柴田覚右衛門披露状。柴田は土佐藩山内家の江戸留守居役である。

29 寛永九年五月二八日付、細川三斎書状（『細川家史料』九六一号）

30 『徳川実紀』寛永九年六月一日条

31 寛永九年五月一五日付、細川三斎書状（『細川家史料』九五八号）

32 藤野保『幕藩体制史の研究』（改訂増補版　吉川弘文館、一九七五）

33 笠谷和比古『武家政治の源流と展開』第三章「『国持大名』論考」

終章 歴史認識をめぐる方法的基準

――本書の結語として

▼歴史の虚像を作り出さないための心得▲

本書では年号記載問題からはじめて、歴史研究における虚像や誤謬がどのように形成されてくるかということを、いつかの重要な歴史的テーマに即して検討してきた。個々の問題についての見解の当否については、それぞれの本文および各章のむすびの箇所でまとめておいたので、そちらを参照されたい。

ここでは、それらの議論を通して得られた知見を整理し、歴史の虚像を生じないための心得、正しい歴史認識に到達するための方法を一般化したかたちでまとめておきたい。

1 根拠を明示しない言明は無効である

すべての議論は、その立論の根拠を必要とし、かつその明示が求められるということである。根拠を明示することなく、「…と思う（…と思わない）」「…である（…でない）」と断定的に述べられることがしばしば見られるが、これこそ誤謬と虚像の根源にほかならない。

なぜならば、根拠が明示されない断定的言明は、それが正しいか誤っているかの検証のしようがないから。しかし、にもかかわらず断定的、決めつけ的に言明する側は、当然にも自己の言明は正しいものとして臨んでくる。根拠を明示せずに決めつけ的に言明するわけだから、その正しさの地平は通例の論証的な正しさのそれとはおのずから異なるものとなる。

それは、「圧力」としか表現のしようもないものである。圧力をもって自己の言明を押し通し、また他人の議論を押し潰すという手法である。では、どのような圧力があるだろうか。

(1) 権威主義的圧力

歴史学の世界に限らず、およそいずれの学問の分野においても、そしてまた時代の別を問わず、洋の東西を問わず、普遍的に見られる現象であるが、一般的に言って、老大家と見なされる権威ある人物の断定的言明は無条件で受け入れられる傾向があるということである。あたかも神様の託宣のように受け止められ、何人の反論や異議申し立てを許さない問答無用といった雰囲気が支配する。

この場合、その権威ある老大家の特定問題に関する断言的な言明の正しさは、これまでの長年にわたる研究実績からくる信頼度と、その大家の経験的直感に依拠しているのだが、やはり正しさの根拠としては薄弱である。これまで多くの事柄で正しい言明を続けてきたことが確認されたにしても、今度の新しい問題に対する断言的言明が本当に正しいかどうかは確認のしようもない。ほとんど信仰の領域の話になってしまい、学問的には思考停止に陥るしかないであろう。そのような中で歴史の虚像が形成されていくことは不可避であろう。

(2) 多数決型圧力

これも、あまりにありふれたパターンであり、日常的にいたるところで見られる現象である。合理的な議論を封殺し、「みんな、そのように言っているから」という理由によって、特定の言明を押し通していくというやり方だ。まさに「圧力」という名に相応しいものであろう。

歴史学における真実の解明は、議会における議員の賛成票の多寡によって決まるようなものではないと断じたのは故服部之総であるが、至言と称すべきであろう。それが誤った論定であるならば、それに同調する人間がいかに多かろうとも誤謬に変わりないことは、0《ゼロ》にどのような大きな数値を掛け合わせても0《ゼロ》に変わりはないのと同様のことである。

そもそも特定の歴史的問題の解明に際して確たる証拠があるならば、「多くの人がそのように言っている」とは言わないものであろう。そのように言うよりも、その確たる証拠を提示すればそれで問題は決着するのだから。つまり「多くの人がそのように言っている」という表現に固執するということは、そのような確たる証拠は存在していないということを自白しているに等しいということではないだろうか。

(3) イデオロギー型圧力

圧力の第三の類型はイデオロギー的なものである。戦前の皇国史観型イデオロギー、ベルリンの壁崩壊まで威力をもっていたマルクス・レーニン主義型イデオロギーが代表的なものであろう。そこでは、特定の言明を押し通すために、その抵抗者に対して非人間呼ばわりする烙印押し、レッテル貼りをするのを常としていた。前者では「非国民」「アカ」であり、後者では「右翼」「人民の敵」であった。

これらは学問的な世界では死刑宣告に等しい圧力として働き、ためにそれを恐れて、明らかに理不尽で誤った言明であっても人は口をつぐみ、心ならずもそれらを受け入れるほかなかったのである。

今日でもなお、「歴史修正主義者」などというレッテル貼りが公然と行われているのを目にするが、やはりイデオロギー型圧力の一つにほかならないであろう。従来の歴史認識に誤りがあることが、合理的な根拠に基づいて立証されるならば、速やかに正しい認識に改められなければならないことは当然のことであろう。それはちょうど確定判決が出ている裁判事件であっても、合理的な新証拠が出現したならば、それを踏まえて再審が行われ、逆転無罪を実現していくのと同様のことである。

ところがそれを許さないという。それはあたかも、裁判における再審請求の権利を一切否定するような暴挙に等しいのだということが理解できないのであろうか。この種のイデオロギー的レッテル貼りによる議論封殺の圧力が、恥知らずにも、今日でもまかり通っていることに驚きを禁じ得ない。歴史学の真実探究に対する冒瀆的行為として厳しく戒められなければならないであろう。

いずれの場合であれ、合理的な根拠が明示されることなく、これらの圧力のもとに特定の言明がなされていくことが、歴史の誤謬、虚像を産出していく背景をなしている。歴史の真実、真の歴史像を得たいと考えるならば、これらの圧力的要素を徹底的に排除し、ただ歴史事象をその合理的根拠に基づいて、それらの事実性、事実関係を立証、立論していくという態度に徹することである。

2　結果利益の観点から原因を遡及推測する思考法の戒め

これは通俗的推理小説に専ら見られるもので、ある事件の結果、最も利益を得た者が当該事件の真犯人とする構成のことである。

このような思考法は非常に根強く、また受け入れられやすい響きをもっているために、意識的、また無意識のうちに歴史上の各種事件の構図を描き出す心理的背景をなしている。しかしこれは危険な思考法であり、現実の刑事事件においては冤罪を生み出す温床ともなり、また歴史理解に際しては「真犯人」と「黒幕」を求めてやまない強迫観念に支配され、事件を特定の人物なり勢力なりによって仕組まれた「計画的な謀略」とする構図を導出していくこととなる。

この種の黒幕説、陰謀説は俗受けしやすいものであるから、マスコミのこぞって取り上げるところとなり、テレビやジャーナリズムで喧伝されることによって国民の間に広く浸透し、結句、誤った歴史認識、歴史の虚像を拡散し、確立する。本書で取り上げた加藤清正の肥後加藤家の改易事件を幕府の謀略と見なすのはその典型であり、そのほか歴史上の問題としては「信長殺しの真犯人」「伊達騒動の謀略の構図」など枚挙にいとまがない。

これが歴史の虚像を生み出す第二のタイプの源泉である。「真犯人」のいることを一概に否定するものではないが、結果利益の観点から事件の構図を描くことは堅く戒められなければならないということである。

3　合理的根拠に基づく事実関係の解明

それでは正しい歴史認識は、どのようにすれば得られるのであろうか。それは問題となる事件や出来事にかかわる諸事実を、合理的根拠に基づいて解明し、そしてそれらを積み重ねていくことによって歴史の真実に迫っていくという方法に徹することである。

判断の合理的根拠は、演繹的根拠と帰納的根拠とに分かれる。前者は純粋に論理的な正しさに基づくもので、A＝B、B＝C　∴A＝C　といったような論理規則に依拠している。

歴史学的により重要なのは帰納的根拠であり、特定の歴史事象の解明に際して、関係諸事実を確定していく作業が不可欠となる。何をもって事実と認定するかの根拠であるが、歴史学では第一次史料（根本史料）による裏づけを持った事柄を事実と認定するという原則である。第一次史料（根本史料）とは当該事実の生起した時期と同時期に作成された史料。書状や日記などが代表的なものであり、戸籍や勘定帳簿なども同時期に作成されたものであれば使用可能である。

第一次史料による裏づけを持たない言明、すなわち後代史料に記されたものは留保されるべきである。ただし後代史料であっても、それが各種の第一次史料の内容と矛盾せず整合性を得ていることが確認される場合には第一次史料に準じた扱いが許される。

4　第一次史料の例外的取扱い

第一次史料といえども、その記載内容などに誤りのあることを排除することはできない。記憶違いの錯誤や、あるいは意図的な誤誘導のための虚偽記載などである。

それゆえに、当該問題に関する第一次史料が存在しながら、それを用いず、その記載内容などと食い違う歴史認識を行う必要が生じるが、しかしそのときには、その第一次史料を採用しない、排除しなければならない理由を詳細に説明しなければならない。詳細な説明を抜きにして第一次史料の記載内容を否定、排除することは決して許されないという原則である。

本書の事例に則して言うならば、『義演准后日記』や『鹿苑日録』、そして毛利輝元の書状といった第一級の史料の記載内容に対して、「事情をよく知らなかったのだろう」といった一言でこれを全否定してしまうがごとき態度を許したならば、もはや歴史学は成り立たなくなってしまうということである。

議論をしていて自説にとって都合の悪い史料が出てきたとき、「事情をよく知らなかったのだろう」という類の一言でその史料を否定し、退けてしまうような状態を想像してみればよい。もしも、そのような恣意的な手法が野放しにされ、乱用され、研究世界に弥漫していくならば、それがどんなに恐ろしい状態の出現であるか、ただちに理解されることであろう。それゆえに、このような手法および表現は学問に対する破壊行為として、決して使われることのないように厳しく戒められなければならないと考える。

5 「歴史の見方は人によって異なる」という言説の危険性

これも議論の中でしばしば見かける言説であり、議論で劣勢に追いやられた側から出てくる逃げ口上として専ら用いられている。

とはいえ、これも歴史認識の一面は表しており、一概に否定されるものでもない。すなわち、歴史の認識には価値判断の領域と、事実認識の領域との二つがあり、この両者は混同されることなく弁別されなければならないという原則である。

「歴史の見方は人によって異なる」というのは、前者の価値判断の領域にかかわるものであって、後者には通用しないということである。ある専制君主が、その絶対的な権力をふるって、貴族勢力の議会で制定された法を問答無用とばかりに殲滅し、人民の税負担を軽減するような政治を施した場合、これをよいことと見るか、悪いことと見るかは価値判断の問題である。

それに対して、専制君主がどのように権力を行使して、どのように抵抗勢力を殲滅していったかを解明することは事実認識の領域に属することであって、同変革の価値判断で良否に分かれた両派であっても、一つの方向に認識は収斂していく傾向を示すものである。

以上に述べたところは、歴史の真実にたどりつくための、いわば必要条件をなしている。だが同時に必要条件でしかない。第一次史料の探究から始めて、それが文献史料であるならば文字と語句を精密に読み解いていき、それをさらに関係諸史料の内容と矛盾、抵触しないかを広く目配りしながら事実を一つ一つ積み重ねていくことによって歴史の真実に到達していくのである。

しかしそこまで徹底的に行ったとしても、歴史の真実に本当に到達しているかという点について確証は得られない。真実に近づきつつあるという感覚は得られるけれども、しかしながら文献の読みは本当にあれでよかっただろうか、別の解釈の余地はないものだろうか。仮にそこまでは遺漏なく万全であったとしても、明日、それまでの成果を揺るがしかねないような新たな史料の発見があるかも知れない。

それは歴史学に限らず、実は自然科学をも含めた多くの実証主義的な学問に共通する性格でもある。宇宙の探究であれ、ミクロの分子生物学の分野の解明であれ、日々の地道な観察を通して新たなデータを獲得しながら、それらの積み重ねの中から従来の理論を修正革新するような新たな仮説の形成に到達し、それを各種関係データとつき合わせつつ、その正しさを検証していくという営為（仮説―検証法）にほかならないのである。

それゆえに、歴史学においてもそれら一連の方法をもって、歴史の真実に到達するための必要条件と述べたのである。それらの方法は必要不可欠であり、それなくして正しい歴史認識を得ることはできないが、また真実への最終到着を意味するものではない。しかしながら、いかに労力を要する途であろうとも、この途のみが歴史の真実に到達するための王道であることについては、いささかのためらいもなく確言しうるところなのである。

あとがき

本書は歴史認識をめぐる諸問題を取り扱った。タイトルの「歴史の虚像を衝く」とは、歴史認識の歪みが歴史の虚像を生成していくメカニズムを明らかにすることを意図している。議論の素材としては、もっぱら筆者が日頃研究対象としている関ケ原合戦などの諸問題を扱っている。そこでは、関係する諸々の論点をめぐって歴史学上の論争的な議論を展開しているが、議論の中身もさることながら、本書ではそれらの議論を通して歴史認識の歪みや歴史の虚像を生成していく理由や背景的事情を探求することの方に、むしろ主たる関心を向けている。

それら論争的な問題において、筆者の主張が常に正しいと主張するつもりはない。筆者もまた人間である限り、誤りを犯すことは避けられない。史料の見落としや、読み誤りがあるかも知れない。今は万全で遺漏なき議論であっても、明日、新たな史料上の発見があって、これまでの議論が大きく覆っていくというようなことも避けることはできないだろう。

それは物理学や生物学などの分野において、新たな事実の解明がなされていくことによって、従前の学問的常識が覆され新たな学問的領野が切り開かれていくのと同様のことである。それゆえに、新事実の発見、新史料の発掘を通して従来の歴史認識が改まっていくということは、破綻でもなければ歴史の改竄でもない。それらは歴史認識の深化、発展のプロセスとして肯定的に受け止められるべきものなのである。

それ故に、新たな発見、特に史料上の新たな発見によって筆者の議論が覆されるようなことがあるならば、それは最も生産的な批判と言うべく、筆者はむしろそれを喜びたく思う。

これに反して、根拠も明示しない印象批判のような決めつけ型の言動は、歴史学にとって有害でしかない。そして根拠なき議論は、通例、頭数の圧力で押し切ろうとする傾向を併せ持つことから、その有害度はいやまして高まることとなる。歴史の虚像を生成する土壌にほかならないだろう。

歴史の虚像、そして正しい歴史認識とはどのようなものか。これは難しく、また奥深い問題でもある。筆者は、どこまでも「事実に基づいて」という立場を明らかにしたつもりである。しかし、他の人々はまた別の観点を強調するかも知れない。さまざまな立場や観点があってよいと思う。それらの議論が大いに闘わされることはまた、歴史学や歴史認識の発展にとって有益でもあろう。生産的な議論を待望するものである。

本書は、ずいぶん前から教育出版からお話をいただいており、本来ならば、もっと早く脱稿すべきであったのだけれど、筆者の国際日本文化研究センターからの定年退官にともなう繁忙などの諸事情に取り紛れ、今日に上梓が大幅に遅れてしまった。

教育出版の関係者の方々、ならびにこの数年にわたって筆者を粘り強く支えていただいた同社編集部青木佳之氏に対し、この場をお借りしてお詫びとともに深甚の謝意を表したく思う次第である。

平成二七年一一月

筆　者

著者紹介

笠谷 和比古 Kazuhiko Kasaya

［現　職］

帝塚山大学文学部文化創造学科教授［専門，歴史学・武家社会論］

［略　歴］

1949年８月　神戸市出身（昭和24年８月15日生）。

73年３月　京都大学文学部史学科卒業

78年３月　京都大学大学院文学研究科博士課程単位取得

89年４月　国際日本文化研究センター研究部助教授

94年７月23日　学位，博士（文学，京都大学）

96年４月　国際日本文化研究センター研究部教授

2015年３月　同右，定年退職

同　４月　現職

［著　書］

『主君「押込」の構造』（平凡社選書，1988年。88年度サントリー学芸賞。講談社学術文庫，2006年）

『近世武家社会の政治構造』（吉川弘文館，1993年）

『関ヶ原合戦』（講談社選書メチエ，1994年。講談社学術文庫，2008年）

『江戸御留守居役』（吉川弘文館，2000年）

『武士道その名誉の掟』（教育出版，2001年）

『関ヶ原合戦と大坂の陣』（吉川弘文館，2007年）

『伝統文化とグローバリゼーション』（NTT 出版，2009年）

『武家政治の源流と展開』（清文堂出版，2011年）

『武士道―侍社会の文化と倫理―』（NTT 出版，2014年）　他

歴史の虚像を衝く

2015年12月17日　初版第１刷発行

著　者　笠谷和比古

発行者　小林一光

発行所　教育出版株式会社

101-0051 東京都千代田区神田神保町2-10

電話 03-3238-6965　FAX 03-3238-6999

組版　ピーアンドエー

印刷　藤原印刷

製本　上島製本

ISBN978-4-316-80405-7　C0021